südwest

ASIAN TAKEAWAY

KÖSTLICHES AUS DER GARKÜCHE

Essen & Trinken
Asien

LES HUYNH

KECAP MANIS
BRAND
餐餐飯菜
中国放心食品
信誉品牌
椒油

INHALT

In *Asian Takeaway* zeige ich Ihnen, wie Sie bei sich zu Hause asiatische Köstlichkeiten zubereiten können, so original wie aus dem Asia-Schnellimbiss, aber um vieles frischer und gesünder! Die Rezepte sind Variationen traditioneller asiatischer Rezepte. Für alle brauchen Sie Nudeln – eine wunderbar vielseitige Zutat, die ich für Suppen, Salate und Pfannengerichte verwende. Die meisten Zutaten gibt es in jedem asiatischen Feinkostladen. Improvisieren Sie aber ruhig, wenn Sie etwas nicht finden! Es geht ja beim Kochen nicht um das Wörtlichnehmen von Rezepten, sondern um Kreativität und Leidenschaft. Hauptsache, das Ergebnis sieht verlockend aus und riecht und schmeckt köstlich. Alle Gerichte können als Hauptmahlzeit oder als Bestandteil eines Asien-Menüs serviert werden. Wenn bei einem Rezept zwei bis vier Portionen angegeben sind, reicht es für zwei Personen als Hauptspeise oder für vier Personen im Rahmen eines Menüs.

糖水荔枝
LYCHEES IN SYRUP
NET WT 1—LB. 4—OZS. (567 GRAMS)
POIDS NET 567 GRS
EGOUTTE 227 GRS
PRODUIT DE THAILANDE

01 ASIA SUPPEN

Suppen werden in Asien zu jeder Tages- und Jahreszeit gegessen. Als Kind in Vietnam habe ich zum Frühstück gierig dampfend heiße Pho Rindfleischsuppe geschlürft, sogar mitten im Hochsommer. Diese typisch vietnamesische Suppe voll dünner Rindfleischscheiben und Reisnudeln und bestreut mit frischen Kräutern war immer eines meiner Lieblingsgerichte. Viele der Rezepte in diesem Kapitel basieren auf den traditionellen Suppen meiner Heimat, andere sind inspiriert von der chinesischen, malaysischen oder thailändischen Küche. Manche Suppen ergeben eine reichhaltige Hauptmahlzeit, wie die Curry Laksa auf Kokosmilchbasis mit Huhn und Riesengarnelen, andere sind leichter, mit klarer, würziger Brühe, die von innen wärmt. Nudeln wie dicke Eiernudeln geben der Suppe mehr Volumen, während andere, wie dünne Reis- oder Glasnudeln, die verschiedenen Aromen aufnehmen. Ich selbst koche Suppen am liebsten am Wochenende, dann kann ich mich in Ruhe der Brühe widmen, die schließlich der wichtigste Bestandteil der Suppe ist.

ECAP MANIS
花茶
smine Tea

GRUNDREZEPTE

Hühnerbrühe

2 kg **Hühnerkarkassen**
2 Scheiben **frischer Ingwer**
2 **Frühlingszwiebeln**, grob gehackt

Die Karkassen vollständig von Fett befreien und kalt abspülen. Alle Zutaten mit 3 Litern Wasser in einen großen Suppentopf geben und zum Kochen bringen. Die Hitze reduzieren, so dass die Brühe nur noch sanft köchelt. Schaum und Fett an der Oberfläche während des Köchelns immer wieder abschöpfen.

Brühe 2 bis 2½ Stunden köcheln lassen. Ca. 10 Minuten abkühlen lassen und dann durch ein feines Sieb gießen, so dass alle festen Rückstände entfernt werden. Die Brühe ist bis zu 3 Tage lang im Kühlschrank haltbar oder (portionsweise eingefroren) 6 Monate lang in der Tiefkühltruhe.

Ergibt ca. 2,5 Liter

Tamarindensaft

150 g **Tamarindenmus ohne Kerne**
300 ml **heißes Wasser**

Das Tamarindenmus mit dem heißen Wasser übergießen und 15 bis 20 Minuten einweichen. Mit knetenden Bewegungen bearbeiten, damit es sich auflöst. Die Flüssigkeit durch ein Sieb gießen und die festen Rückstände entfernen. In einem luftdichten Behälter im Kühlschrank bis zu 5 Tage lang haltbar.

Ergibt ca. 250 ml

Sambal Oelek

120 g **lange rote Chilischoten**, grob gehackt
1 EL **Zucker**
1 EL **Weißweinessig**
1 TL **Salz**
2 EL **Pflanzenöl**

Chilischoten in einem Topf mit so viel Wasser übergießen, dass sie gerade bedeckt sind. Wasser zum Kochen bringen, dann die Hitze reduzieren und alles ca. 5 Minuten lang köcheln, bis die Schoten weich sind. Abkühlen lassen und in ein Sieb gießen.

Die gekochten Chilis mit den anderen Zutaten im Mixer zu einer Paste zerkleinern. In einem luftdicht verschlossenen Gefäß im Kühlschrank bis zu 1 Woche aufbewahren oder im Eiswürfelbehälter portionsweise einfrieren.

Ergibt ca. 150 g

Frittierte Schalotten

16–20 **rote asiatische Schalotten** (oder 8–10 **rote Zwiebeln**), in feine Ringe geschnitten
Pflanzenöl zum Frittieren

Einen Wok oder Frittiertopf zu einem Drittel mit Öl füllen und das Öl auf 160°C erhitzen. (Ein Brotwürfel bräunt darin in 30 bis 35 Sekunden.) Die Schalotten vorsichtig hineingeben und dabei möglichst weit vom Herd zurücktreten, da das Öl spritzen oder aufschäumen könnte. Schalotten ca. 1 Minute lang im Öl frittieren, bis sie knusprig sind, dabei gelegentlich vorsichtig umrühren. Dann mit einem Sieblöffel herausnehmen und auf zerknülltem Küchenkrepp abtropfen lassen. Frittierte Schalotten können 2 Tage lang in einem luftdichten Behältnis aufbewahrt werden.

Ergibt 100 g

Sichuan Nudelsuppe mit Rindfleisch

6 bis 8 Portionen

3 **Knoblauchzehen**, abgezogen
1 Stängel **Zitronengras** (nur der weiße Teil), in Scheiben geschnitten
2 **lange rote Chilischoten**, entkernt und in feine Scheiben geschnitten
1 1/2 TL **Sichuan-Pfefferkörner**, ohne Fett geröstet
2 TL **Koriandersamen**, ohne Fett geröstet
1 Prise **Salz**
4 **Rumpsteaks** (à 150 g)
2 EL **Pflanzenöl**
500 g **dicke (chinesische) Eiernudeln**

BRÜHE
2 l **Rindfleischbrühe**
1 EL fein geriebener **frischer Ingwer**
2 EL **Kecap Manis**
2 EL **helle Sojasauce**
2 EL **schwarzer Reisessig** (oder **Aceto Balsamico**)
1 TL **Zucker**
1 EL **Sesamöl**
1 TL **Chiliöl** (siehe S. 71)

ZUM SERVIEREN
1 Handvoll **Bohnensprossen**
2 **Frühlingszwiebeln**, schräg in dicke Scheiben geschnitten
1 Handvoll **Korianderblätter**

Knoblauch, Zitronengras, Chilis, Pfefferkörner, Koriandersamen und Salz im Mörser zu einer feinen Paste verarbeiten. Die Rumpsteaks damit einreiben und im Kühlschrank am besten über Nacht, mindestens aber 4 Stunden lang marinieren lassen.

Das Öl in einer Grillpfanne erhitzen und die Steaks bei mittlerer Hitze auf jeder Seite 2 bis 3 Minuten braten. Pfanne von der Kochstelle nehmen und das Fleisch noch 5 Minuten ruhen lassen, dann in dünne Scheiben schneiden und zugedeckt warm stellen.

Alle Zutaten für die Brühe in einen Topf geben und zum Kochen bringen. Hitze reduzieren, so dass die Brühe leise köchelt. Brühe mit Salz würzen.

Die Eiernudeln mit heißem Wasser übergießen, damit sie weich werden, (oder nach Packungsanweisung zubereiten) und abtropfen lassen. Zum Servieren die Nudeln auf Portionsschalen verteilen. Rindfleischscheiben und Bohnensprossen darauflegen. Brühe darübergießen und mit Frühlingszwiebeln und Koriander garnieren.

Pho Rindfleischsuppe

6 bis 8 Portionen

1,5 kg **Ochsenschwanz**, gewürfelt
1,5 kg **Rinderbrust**
10 cm **frischer Ingwer**, ungeschält, leicht angedrückt
2 **Zwiebeln** mit Schale
7 **Sternanis**
2 **Zimtstangen**
8 **Gewürznelken**
2 **grüne Kardamomkapseln**
1½–3 EL **Fischsauce**
1 EL **Zucker**
1 TL **Salz**
900 g **Reisnudeln** (1 cm breit)
300 g **Rinderfilet** oder **-lende**, (vom Metzger) in hauchdünne Scheiben geschnitten

ZUM SERVIEREN
2 große Handvoll **Bohnensprossen**
4 **Frühlingszwiebeln**, in dünne Scheiben geschnitten
2 Handvoll **gemischte Kräuter**, wie Thai-Basilikum und frische Korianderblätter
Limettenspalten

Einen großen Topf zu drei Vierteln mit Wasser füllen und dieses zum Kochen bringen. Ochsenschwanz und Rinderbrust hineinlegen und 3 bis 4 Minuten lang kochen, dann in ein Sieb abgießen. Fleisch gut mit Wasser abspülen. 5 Liter Wasser in den gereinigten Topf geben, das Fleisch wieder hineinlegen und alles zum Kochen bringen.

Grillpfanne oder Tischgrill auf mittlere Hitze erwärmen. Ingwer und ganze Zwiebeln braun rösten, bis sie rauchig schmecken. Beides mit Sternanis, Zimtstangen, Nelken und Kardamom in das Wasser mit dem Rindfleisch geben und alles zum Kochen bringen. Hitze reduzieren und die Brühe 2 Stunden lang sanft köcheln lassen. Rinderbrust herausnehmen, abkühlen lassen, in dünne Scheiben schneiden und beiseitestellen.

Die Brühe noch eine Stunde lang köcheln lassen und dabei hin und wieder das Fett von der Oberfläche abschöpfen. Durch ein Sieb gießen, Ochsenschwanz, Ingwer, Zwiebeln und Gewürze entfernen. Brühe wieder in den gereinigten Topf zurückgießen, Fischsauce, Zucker und Salz zugeben und alles zum Köcheln bringen.

Die Reisnudeln zum Weichwerden mit kochendem Wasser übergießen (oder nach Packungsanweisung zubereiten). Abgießen, abschrecken und abtropfen lassen. Zum Servieren auf Suppenschalen verteilen, die rohen Filet- oder Lendenscheiben und die Rinderbrustscheiben darauflegen. Die heiße Brühe darübergießen und mit Bohnensprossen, Frühlingszwiebeln und Kräutern garnieren. Dazu Limettenspalten reichen, deren Saft in die Suppe geträufelt wird.

Glasnudelsuppe mit Krabbenfleisch

4 bis 6 Portionen

130 g **fadendünne Mungobohnen-Glasnudeln**
2 EL **Öl**
1 **Knoblauchzehe**, fein gehackt
1/2 **Zwiebel**, fein gehackt
2,5 l **Hühnerbrühe** (siehe S. 14)
2 EL **Tomatenmark**
200 g **gekochtes Krabbenfleisch** (Fertigprodukt, siehe Tipp unten)
1–2 EL **Fischsauce**
1 TL **Zucker**
1 1/2 TL **Salz**
1/2 TL **frisch gemahlener schwarzer Pfeffer**
2 EL **Stärkemehl** (am besten Maisstärke)
1 **Ei**, leicht verschlagen

ZUM SERVIEREN
1 Handvoll **Bohnensprossen**
2 **Frühlingszwiebeln**, in dünne Ringe geschnitten
1 kleine Handvoll **Korianderblätter**, gehackt
Sambal Oelek (siehe S. 15) (oder **Chilipulver**), nach Belieben

Glasnudeln 5 Minuten lang in heißem Wasser einweichen (oder nach Packungsanweisung zubereiten) und gut abtropfen lassen. Mit der Küchenschere in kürzere Stücke schneiden.

Das Öl in einem großen Topf erhitzen und Knoblauch und Zwiebeln darin braten, bis sie duften. Brühe und Tomatenmark zugeben. Alles zum Kochen bringen. Hitze reduzieren, so dass die Brühe nur noch köchelt. Krabbenfleisch, Fischsauce, Zucker, Salz und Pfeffer zugeben. Das Stärkemehl in 4 Esslöffeln Wasser auflösen und langsam unter ständigem Rühren in die Brühe gießen, damit sie leicht andickt. Das verschlagene Ei in einem dünnen Strahl zugießen. So lange rühren, bis das Ei stockt. Brühe abschmecken.

Zum Servieren die Nudeln auf Suppenschalen aufteilen und Bohnensprossen darauflegen. Die heiße Brühe darüberschöpfen und mit Frühlingszwiebeln und Korianderblättern garnieren. Dazu kleine Schälchen mit Sambal Oelek oder Chilipulver reichen, so dass der Suppe nach Belieben Schärfe verliehen werden kann.

TIPP Gekochtes Krabbenfleisch ist als Fertigprodukt in der Dose erhältlich. Sie können es durch gekochtes Krebs- oder Hummerfleisch oder die gleiche Menge roher Garnelen ersetzen. Diese sollten jedoch ca. 3 Minuten in der Brühe garen, bevor Sie Fischsauce, Zucker, Salz und Pfeffer zugeben.

Malaysische Nudelsuppe mit Garnelen

4 bis 6 Portionen

600 g **rohe Garnelen (Shrimps)**
300 g **dicke (chinesische) Eiernudeln**

BRÜHE
3 EL **Öl**
2 **Zwiebeln**, in Ringe geschnitten
5 **Knoblauchzehen**, zerdrückt
3 EL **getrocknete Garnelen**
2 **getrocknete lange rote Chilischoten**
2 l **Hühnerbrühe** (siehe S. 14)
3 EL **Kecap Manis**
1 Prise **weißer Pfeffer**

ZUM SERVIEREN
1 Handvoll **Bohnensprossen**, blanchiert
2 **Frühlingszwiebeln**, in feine Ringe geschnitten
3 EL **frittierte Schalotten** (siehe S. 15)
1 Prise **Chilipulver**

Die Garnelen schälen und vom dunklen Darm befreien. Die Schwänze dabei unversehrt lassen, Köpfe und Schalen für die Brühe beiseitelegen. Garnelen in den Kühlschrank geben.

Für die Brühe das Öl in einem großen Suppentopf erhitzen, Zwiebeln, Knoblauch, getrocknete Garnelen, Chilischoten und Garnelenköpfe und -schalen darin 4 bis 5 Minuten anbraten, bis sie duften. Garnelenköpfe und -schalen dabei mit einem Holzlöffel zerdrücken, damit ihr Aroma freigesetzt wird. Hühnerbrühe, Kecap Manis und weißen Pfeffer zugeben. Brühe durch Köcheln um ein Drittel reduzieren und durch ein Sieb gießen. Wieder in den gereinigten Topf füllen, salzen und zum Kochen bringen. Garnelen einlegen und in 3 bis 4 Minuten gar kochen.

Eiernudeln zum Weichwerden mit heißem Wasser übergießen (oder nach Packungsanweisung zubereiten), dann abgießen. Auf Servierschalen verteilen und die blanchierten Bohnensprossen darauflegen. Die Brühe mit den Garnelen darüberschöpfen und mit Frühlingszwiebeln, frittierten Schalotten und Chilipulver garnieren.

Glasnudelsuppe mit Hackfleischbällchen

4 bis 6 Portionen

4 **getrocknete Shiitake-Pilze**
8 Stücke von **getrockneten Mu-Err-Pilzen**
80 g **fadendünne Mungobohnen-Glasnudeln**
400 g **Hackfleisch vom Schwein**
1 kleine Handvoll **Koriandergrün**, fein gehackt
4 **Frühlingszwiebeln** (nur der weiße Teil), fein gehackt
1/2 TL Salz
1 Prise **frisch gemahlener schwarzer Pfeffer**
3 EL **Pflanzenöl**
4 **Knoblauchzehen**, fein gehackt
1,5 l **Hühnerbrühe** (siehe S. 14)
2 EL **eingelegter Rettich**, fein gewürfelt
1 TL **Zucker**
1 TL **schwarzer Reisessig** (oder **Aceto Balsamico**)
4 EL **helle Sojasauce**

ZUM SERVIEREN
1 kleine Handvoll **Korianderblätter**

Alle Pilze 10 Minuten in heißem Wasser einweichen. Abtropfen lassen. Die Stiele der Shiitake-Pilze entfernen, die Kappen in dünne Scheiben schneiden. Mu-Err-Pilze in kleine Stücke schneiden. Glasnudeln in heißem Wasser 5 Minuten einweichen (oder nach Packungsanweisung zubereiten), dann abtropfen lassen. Mit der Küchenschere in kürzere Stücke schneiden.

Hackfleisch, Koriandergrün, Frühlingszwiebeln, Salz und Pfeffer in einer Schüssel gut vermischen. Mit angefeuchteten Händen zu Bällchen mit ca. 1 cm Durchmesser formen.

Das Öl in einem kleinen Wok oder einer Bratpfanne bei niedriger Hitze erwärmen und den Knoblauch darin unter Rühren goldgelb braten. Wok oder Pfanne von der Kochstelle nehmen. Knoblauch mit einem Sieblöffel aus dem Öl nehmen und auf Küchenkrepp abtropfen lassen. Das mit Knoblauch aromatisierte Öl aufbewahren.

Brühe in einem großen Topf zum Kochen bringen. Fleischbällchen einlegen und alles 4 bis 5 Minuten köcheln lassen, bis sie gar sind. Pilze, Rettich, Zucker, Essig und Sojasauce zugeben, mit Salz und Pfeffer abschmecken, Nudeln zufügen. Die Suppe mit den Fleischbällchen in Portionsschalen schöpfen und mit Koriander bestreuen. Gebratenen Knoblauch und Knoblauchöl in einer kleinen Schüssel vermengen und die Suppe nach Belieben damit aromatisieren.

Eiernudelsuppe mit Grillhähnchen

4 bis 6 Portionen

6 **getrocknete Shiitake-Pilze**
1 **Grillhähnchen** (am besten vor dem Grillen in Sojasauce mariniert)
2 EL **Pflanzenöl**
2 **Knoblauchzehen**, fein gehackt
2,5 l **Hühnerbrühe** (siehe S. 14)
2 cm **frischer Ingwer**, in sehr feine Streifen geschnitten
2 EL **helle Sojasauce**
250 g **dünne (chinesische) Eiernudeln**
70 g **Choi Sum** oder **Pak Choi (Chinakohl** oder **Mangold)**, in mundgerechte Stücke geschnitten

ZUM SERVIEREN

2 **Frühlingszwiebeln**, in feine Ringe geschnitten
1 Handvoll **Korianderblätter**

Die Pilze in heißem Wasser einweichen. Abtropfen lassen, Stiele entfernen und die Kappen in dünne Scheiben schneiden. Hühnerfleisch auslösen, in Streifen schneiden und beiseitestellen.

Das Öl bei niedriger Hitze erwärmen, den Knoblauch darin braten, bis er duftet. Pilze, Brühe, Ingwer und Sojasauce zugeben, mit Salz und Pfeffer würzen. Brühe zum Kochen bringen, die Hitze reduzieren, das Hühnerfleisch in die Brühe geben und alles 5 Minuten sanft köcheln lassen.

In einem großen Topf Wasser zum Kochen bringen und darin die Nudeln in 1 bis 2 Minuten weichkochen (oder nach Packungsanweisung zubereiten). Mit einem Sieblöffel herausnehmen, mit kaltem Wasser abschrecken und abtropfen lassen. Das Gemüse im gleichen Kochwasser 1 Minute lang blanchieren, kalt abschrecken und abtropfen lassen.

Nudeln und Gemüse auf Portionsschalen verteilen. Die Brühe mit dem Hühnerfleisch darüberschöpfen und mit Frühlingszwiebeln und Koriander garnieren.

Reisnudelsuppe mit Hähnchen und chinesischem Brokkoli

4 bis 6 Portionen

2 EL **Pflanzenöl**
2 **Knoblauchzehen**, fein gehackt
3 **rote asiatische Schalotten** (oder 1 große **rote Zwiebel**), in feine Ringe geschnitten
2 l **Hühnerbrühe** (siehe S. 14)
3 cm **frischer Ingwer**, in feine Streifen geschnitten
2 **Hühnerbrüste** (ohne Haut und Knochen), in dünne Scheiben geschnitten
70 g **chinesischer Brokkoli (Gai Larn)** oder **Brokkoli**, in mundgerechte Stücke geschnitten
300g **Reisnudeln** (1 cm breit)

ZUM SERVIEREN
2 **Frühlingszwiebeln**, in dünne Ringe geschnitten
Fischsauce
Vogelaugen-Chilis (oder andere **rote Chilischoten**), in feine Ringe geschnitten

Das Öl in einem großen Topf erhitzen und Knoblauch und Schalotten darin braten, bis sie duften. Die Brühe zugießen und zum Kochen bringen. Hitze reduzieren, so dass sie nur noch köchelt. Ingwer und Hühnerscheiben zugeben, mit Salz und Pfeffer würzen. Die Suppe ca. 5 Minuten köcheln lassen, bis das Hühnerfleisch gar ist. Das Kohlgemüse zugeben und alles weitere 3 Minuten köcheln lassen.

Die Reisnudeln zum Weichwerden mit kochendem Wasser übergießen (oder nach Packungsanweisung zubereiten) und abtropfen lassen. Zum Servieren die Nudeln auf Suppenschalen verteilen. Die Brühe mit dem Hühnerfleisch und dem Kohl über die Nudeln schöpfen und mit Frühlingszwiebeln garnieren. Ein Schälchen Fischsauce und Chiliringe dazureichen, damit die Suppe nach Belieben noch gewürzt werden kann.

Curry Laksa mit Huhn und Riesengarnelen

4 bis 6 Portionen

200 g **Hähnchenschenkel** (ohne Haut und Knochen), in feine Scheiben geschnitten
500 g **rohe Riesengarnelen (King Prawns)**, geschält und ohne Darm, Schwänze ungeschält
800 ml **Kokosmilch**
1 EL **gelbe Bohnenpaste**
1–2 EL **Fischsauce**
10 **Curryblätter**
3 TL **Salz**
1 EL **Zucker**
150 g **frittierter** oder **gebratener Tofu**, in große Würfel geschnitten
250 g **dünne Reisnudeln (Vermicelli)**

PASTE
8 **getrocknete lange rote Chilischoten**
2 **Zwiebeln**, gehackt
3 **Knoblauchzehen**, zerdrückt
2 Stängel **Zitronengras**, in feine Scheiben geschnitten
Pflanzenöl
1 TL **Garnelenpaste**
4 EL **mittelscharfe Currymischung**
1 TL **gemahlene Kurkuma**
1/2 TL **gemahlene Nelken**

ZUM SERVIEREN
2 Handvoll **Bohnensprossen**
1 **Gärtnergurke**, entkernt und in dünne Streifen geschnitten
1 Handvoll **vietnamesischer Koriander** (oder normales **Koriandergrün**)
3 EL **frittierte Schalotten** (siehe S. 15)
Sambal Oelek (siehe S. 15) oder gehackte **Vogelaugen-Chilis** (oder andere **rote Chilischoten**), nach Belieben
Limettenspalten

Samen und Stiele der getrockneten Chilis entfernen, Schoten 10 Minuten in heißem Wasser einweichen. Abtropfen lassen und grob hacken. Mit Zwiebeln, Knoblauch und Zitronengras in einen Mixer geben und mit etwas Öl zu einer geschmeidigen Paste verarbeiten. 3 Esslöffel Öl in einem Topf bei mittlerer Hitze erwärmen und die Paste darin ca. 2 Minuten unter Rühren braten. Restliche Pastenzutaten zugeben und alles noch 1 bis 2 Minuten rührbraten.

Hühnerfleisch zufügen und weitere 2 Minuten rührbraten. Garnelen, 1,5 Liter Wasser, Kokosmilch, gelbe Bohnenpaste, Fischsauce und Curryblätter zugeben und alles zum Kochen bringen. Die Hitze reduzieren, so dass die Suppe nur noch köchelt. Salz, Zucker und Tofuwürfel zugeben.

Die Reisnudeln 5 bis 7 Minuten lang in kochendem Wasser einweichen (oder nach Packungsanweisung zubereiten) und abtropfen lassen. Zum Servieren Nudeln auf Portionsschalen verteilen, Bohnensprossen und Gurkenstreifen darauflegen. Die Suppe über die Nudeln schöpfen und mit Koriander und frittierten Schalotten garnieren. Eine kleine Schale Sambal Oelek oder gehackte Chilis dazureichen. Limettensaft in die Suppe träufeln.

Eiernudelsuppe mit Entenbrust und Shiitake-Pilzen **6 bis 8 Portionen**

6 **getrocknete Shiitake-Pilze**
6 **Entenbrüste mit Haut** (à 200 g)
2 EL **Pflanzenöl**
2 **Knoblauchzehen**, zerdrückt
1/2 TL fein geriebener **frischer Ingwer**
1/2 TL **Fünf-Gewürze-Pulver**
2,5 l **Hühnerbrühe**
1 1/2 EL **Sojasauce**
1–1 1/2 EL **Fischsauce**
2 TL **Zucker**
1 Prise **Salz**
400 g **dünne (chinesische) Eiernudeln**
3 **Mini-Pak Choi** (oder 150 g **Mangold**), Blätter schräg in breite Streifen geschnitten

ZUM SERVIEREN
2 **Frühlingszwiebeln**, schräg in dünne Ringe geschnitten
1 Handvoll **Korianderblätter**

Pilze in heißem Wasser einweichen. Abtropfen lassen, Stiele entfernen, Kappen in dünne Scheiben schneiden. Entenbrüste waschen und trocken tupfen, die Haut diagonal einschneiden. Brüste mit der Haut nach unten bei mittlerer Hitze ohne Fett in der Pfanne anbraten. Nach 5 Minuten wenden und in ca. 25 Minuten bei niedriger Hitze vollständig durchgaren. 5 Minuten ruhen lassen, in dünne Scheiben schneiden und beiseitestellen.

Das Öl in einem großen Topf erhitzen und darin Knoblauch, Ingwer und Fünf-Gewürze-Pulver braten, bis sie duften. Pilze und Brühe zufügen, alles zum Kochen bringen, Soja- und Fischsauce, Zucker und Salz hineingeben. Hitze reduzieren und die Brühe 10 Minuten köcheln lassen.

Wasser in einem großen Topf zum Kochen bringen und die Nudeln in 1 bis 2 Minuten weichkochen (oder nach Packungsanweisung zubereiten). Mit einem Sieblöffel herausnehmen, mit kaltem Wasser abschrecken und abtropfen lassen. Den Pak Choi im selben Wasser 30 Sekunden lang blanchieren und kalt abschrecken.

Zum Servieren die Nudeln auf Portionsschalen aufteilen. Pak Choi und Entenbrustscheiben darauflegen. Die Suppe darüberschöpfen und mit Frühlingszwiebeln und Koriander bestreuen.

Rindfleischtopf mit Reisnudeln

4 bis 6 Portionen

3 EL **Öl**
1 große **Zwiebel**, geviertelt
4 **Knoblauchzehen**, zerdrückt
2 Stängel **Zitronengras**, halbiert und leicht angedrückt
800 g **sehnenfreies Rindergulasch**, in ca. 2 cm große Würfel geschnitten
2 **Möhren**, in mundgerechte Stücke geschnitten
1 **Daikon-Rettich**, in mundgerechte Stücke geschnitten
500 g **Reisnudeln** (1 cm breit)

SAUCE
1,25 l **Hühnerbrühe** (siehe S. 14)
5 **Sternanis**
4 EL **braune Bohnenpaste**
3 EL **Tomatenmark**
2 EL **mittelscharfe Currymischung**
2 EL **Zucker**

ZUM SERVIEREN
1 Handvoll **Bohnensprossen**
1 Handvoll **vietnamesischer Koriander**, in Streifen geschnitten (oder 1 Handvoll **Korianderblätter**)
3 **Vogelaugen-Chilis** (oder andere **rote Chilischoten**), in dünne Ringe geschnitten
Limettenspalten

Das Öl bei mittlerer Hitze in einem großen Topf erwärmen. Zwiebel, Knoblauch und Zitronengras darin 1 Minute braten. Das Rindfleisch hineingeben und 2 bis 3 Minuten unter Rühren anbraten. Alle Saucenzutaten zugeben, salzen. Alles zum Kochen bringen, Hitze reduzieren und das Gericht 1 bis 1½ Stunden sanft schmoren lassen, bis das Rindfleisch fast weich ist. Möhren und Rettich zugeben und weiter schmoren, bis das Gemüse weich ist.

Reisnudeln in kochendem Wasser einweichen (oder nach Packungsanweisung zubereiten), abtropfen lassen. Zum Servieren auf Portionsschalen aufteilen, Bohnensprossen darauflegen, die Suppe darüberschöpfen und mit Koriander bestreuen. Salz und Pfeffer und Chiliringe zum Würzen auf den Tisch stellen. Limettensaft in die Suppe träufeln.

Hühnersuppe mit Glasnudeln

4 bis 6 Portionen

- 2 EL **Pflanzenöl**
- 1 **Knoblauchzehe**, fein gehackt
- 2,5 l **Hühnerbrühe** (siehe S. 14)
- 2 **Hühnerbrüste** (ohne Haut und Knochen)
- 1 kleiner **Daikon-Rettich**, grob gewürfelt
- 1 **Möhre**, grob gewürfelt
- 8 **Pfefferkörner**
- 1/2 **Zwiebel**, in Spalten geschnitten
- 80 g **fadendünne Mungobohnen-Glasnudeln**
- 2 EL **helle Sojasauce**
- 1/2 TL **Zucker**

ZUM SERVIEREN

- 1 Handvoll **Bohnensprossen**
- 2 **Frühlingszwiebeln**, in dünne Ringe geschnitten
- 2 EL **frittierte Schalotten** (siehe S. 15)
- 1 Handvoll **gemischte Kräuter**, z. B. die Blätter von Thai-Basilikum, Langem Koriander und Koriander (oder 1 Handvoll **Korianderblätter**)
- 2 EL **geröstete Erdnüsse**, gehackt (siehe S. 70)
- **Fischsauce**
- **Vogelaugen-Chilis** (oder andere **rote Chilischoten**), in dünne Ringe geschnitten
- **Limettenspalten**

Das Öl in einem kleinen Wok oder einer Pfanne bei niedriger Hitze erwärmen und den Knoblauch darin unter Rühren goldgelb braten. Wok oder Pfanne von der Kochstelle nehmen, mit einem Sieblöffel den Knoblauch herausnehmen und auf Küchenkrepp abtropfen lassen. Das mit Knoblauch aromatisierte Öl aufbewahren.

Brühe in einem großen Topf zum Kochen bringen. Hühnerfleisch vorsichtig hineinlegen, Rettich, Möhre, Pfefferkörner und Zwiebel zugeben. Brühe nochmals aufkochen, die Hitze reduzieren und die Brühe 10 Minuten köcheln lassen. Herd ausschalten, den Topf mit einem Deckel verschließen und das Hähnchen 20 Minuten lang in der Suppe liegen lassen (es gart während dieser Zeit vollständig durch).

In der Zwischenzeit die Glasnudeln 5 Minuten in heißem Wasser einweichen (oder nach Packungsanweisung zubereiten), abtropfen lassen. Mit der Küchenschere in kürzere Stücke schneiden.

Hähnchen aus der Brühe nehmen und vollständig abkühlen lassen. Fleisch in kleine Stückchen zerpflücken und beiseitestellen. Die Brühe durch ein Sieb gießen und in den gereinigten Topf zurückfüllen. Zum Kochen bringen, Sojasauce, Zucker und nach Geschmack auch Salz zufügen.

Zum Servieren die Nudeln in Portionsschalen geben. Hühnerfleisch, Bohnensprossen und Frühlingszwiebeln darauflegen und die kochende Brühe darüberschöpfen. Mit frittierten Schalotten, Kräutern und gerösteten Erdnüssen bestreuen. Gebratenen Knoblauch und Knoblauchöl in einer, etwas Fischsauce und Chiliringe in einer anderen kleinen Schale verrühren und dazuservieren. Den Saft aus Limettenspalten in die Suppe träufeln.

Rindfleischtopf mit Reisnudeln

4 bis 6 Portionen

3 EL **Öl**
1 große **Zwiebel**, geviertelt
4 **Knoblauchzehen**, zerdrückt
2 Stängel **Zitronengras**, halbiert und leicht angedrückt
800 g **sehnenfreies Rindergulasch**, in ca. 2 cm große Würfel geschnitten
2 **Möhren**, in mundgerechte Stücke geschnitten
1 **Daikon-Rettich**, in mundgerechte Stücke geschnitten
500 g **Reisnudeln** (1 cm breit)

SAUCE
1,25 l **Hühnerbrühe** (siehe S. 14)
5 **Sternanis**
4 EL **braune Bohnenpaste**
3 EL **Tomatenmark**
2 EL **mittelscharfe Currymischung**
2 EL **Zucker**

ZUM SERVIEREN
1 Handvoll **Bohnensprossen**
1 Handvoll **vietnamesischer Koriander**, in Streifen geschnitten (oder 1 Handvoll **Korianderblätter**)
3 **Vogelaugen-Chilis** (oder andere **rote Chilischoten**), in dünne Ringe geschnitten
Limettenspalten

Das Öl bei mittlerer Hitze in einem großen Topf erwärmen. Zwiebel, Knoblauch und Zitronengras darin 1 Minute braten. Das Rindfleisch hineingeben und 2 bis 3 Minuten unter Rühren anbraten. Alle Saucenzutaten zugeben, salzen. Alles zum Kochen bringen, Hitze reduzieren und das Gericht 1 bis 1 1/2 Stunden sanft schmoren lassen, bis das Rindfleisch fast weich ist. Möhren und Rettich zugeben und weiter schmoren, bis das Gemüse weich ist.

Reisnudeln in kochendem Wasser einweichen (oder nach Packungsanweisung zubereiten), abtropfen lassen. Zum Servieren auf Portionsschalen aufteilen, Bohnensprossen darauflegen, die Suppe darüberschöpfen und mit Koriander bestreuen. Salz und Pfeffer und Chiliringe zum Würzen auf den Tisch stellen. Limettensaft in die Suppe träufeln.

Hähnchencurry-Nudelsuppe

4 bis 6 Portionen

6 **getrocknete lange rote Chilischoten**
1 Prise **Salz**
2 EL **mittelscharfe Currymischung**
600 g **Hähnchenschenkel** (ohne Haut und Knochen), schräg in 1 cm breite Streifen geschnitten
3 EL **Pflanzenöl**
1 **Zwiebel**, halbiert und in dicke Scheiben geschnitten
4 **Knoblauchzehen**, zerdrückt
3 cm **frischer Ingwer**, fein gerieben
7–8 **Kaffir-Zitronenblätter**, grob zerpflückt
2 Stängel **Zitronengras** (nur der weiße Teil), leicht angedrückt
1 l **Kokosmilch**
250 g **fadendünne Reisnudeln (Vermicelli)**

ZUM SERVIEREN
1 Handvoll **Bohnensprossen**
1 Handvoll **Thai-Basilikum-Blätter** (oder **Basilikumblätter**), in Streifen geschnitten
3 **Vogelaugen-Chilis** (oder andere **rote Chilischoten**), fein gehackt
Limettenspalten

Stiele und Samen der getrockneten Chilis entfernen. Die Schoten 10 Minuten in heißem Wasser einweichen, abtropfen lassen und grob hacken. Im Mörser mit dem Salz zu einer Paste zerstoßen, Currypulver unterarbeiten. Die Hühnerstreifen in einer Schüssel gut mit der Paste vermengen und mindestens 1 Stunde im Kühlschrank marinieren lassen.

Das Öl in einem Topf bei mittlerer Hitze erwärmen. Zwiebel, Knoblauch und Ingwer darin 4 bis 5 Minuten unter Rühren braten, bis sie duften. Das Hähnchen zugeben und weitere 4 bis 5 Minuten rührbraten. Kaffir-Zitronenblätter, Zitronengras und Kokosmilch hineingeben und alles zum Kochen bringen. Hitze reduzieren und die Suppe 20 Minuten köcheln, bis das Hühnerfleisch gar ist. Mit Salz und Pfeffer würzen und noch 5 Minuten garen.

Die Nudeln mit kochendem Wasser übergießen und in 5 bis 7 Minuten weich werden lassen (oder nach Packungsanweisung zubereiten). Gut abtropfen lassen.

Zum Servieren die Nudeln auf Portionsschalen verteilen, Bohnensprossen und Thai-Basilikum darauflegen und das Hähnchencurry darüberschöpfen. Schälchen mit gehackten Chilis und Limettenspalten dazuservieren.

Nudelsuppe mit gegrilltem Schweinefleisch

4 bis 6 Portionen

3 EL **Pflanzenöl**
4 **Knoblauchzehen**, fein gehackt
2 l **Hühnerbrühe** (siehe S. 14)
5 **Kaffir-Zitronenblätter**
1–2 EL **Fischsauce**
1 EL **Zucker**
1 Prise **frisch gemahlener schwarzer Pfeffer**
1 Prise **Salz**
180 g **dünne (chinesische) Eiernudeln**
50 g **fein gehobelter Chinakohl**

ZUM SERVIEREN
1 Handvoll **Bohnensprossen**
300 g **gegrilltes Schweinefleisch** (am besten **Char Siu**; siehe Tipp), in dünne Streifen geschnitten
2 **Frühlingszwiebeln**, in dünne Ringe geschnitten
1 Handvoll **Koriandergrün**
1 EL fein gehackte **Vogelaugen-Chilis** (oder andere **rote Chilischoten**)
2 EL gehackte **geröstete Erdnüsse** (siehe S. 70)

Öl in einem kleinen Wok oder einer Pfanne sanft erwärmen, Knoblauch darin goldgelb schmoren. Von der Kochstelle nehmen, Knoblauch mit Sieblöffel aus dem Öl nehmen und auf Küchenkrepp abtropfen lassen. Das mit Knoblauch aromatisierte Öl aufbewahren.

Die Brühe in einem Topf zum Kochen bringen. Kaffir-Zitronenblätter, Fischsauce, Zucker, Pfeffer und Salz zugeben und die Hitze reduzieren, so dass alles nur noch köchelt.

Wasser in einem Topf zum Kochen bringen, Nudeln darin 1 bis 2 Minuten weichkochen (oder nach Packungsanweisung zubereiten). Mit einem Sieblöffel herausnehmen und kalt abschrecken. Chinakohl im selben Kochwasser 30 Sekunden blanchieren, dann abgießen.

Nudeln und Kohl auf Portionsschalen verteilen. Bohnensprossen und Fleischstreifen darauflegen, Suppe darüberschöpfen. Mit Frühlingszwiebeln, Koriander, Chili und Erdnüssen bestreuen. Knoblauch und Knoblauchöl vermischen und die Suppe damit beträufeln.

TIPP Für das chinesische Char Siu wird 1 kg durchwachsenes Schweinefleisch in Streifen geschnitten, in einer Mischung aus 2 EL Hoisin-Sauce, 2 EL gelbe Bohnenpaste, 4 EL heller Sojasauce, 6 EL Zucker, 1 EL Reiswein oder halbtrockenem Sherry und 1 TL Salz mariniert, im Backofen gegrillt und danach mit flüssigem Bienenhonig bepinselt.

DRINK

Kurz-Lang-Suppe mit Wan-Tan

6 Portionen

WAN-TAN-TEIGTASCHEN

130 g **Hackfleisch vom Schwein**
150 g **rohe Garnelen (Shrimps)**, geschält und ohne Darm, fein gewürfelt
1/2 TL fein geriebener **frischer Ingwer**
3 TL **helle Sojasauce**
3 **Frühlingszwiebeln** (nur der weiße Teil), in feine Ringe geschnitten
1 Prise **weißer Pfeffer**
1 Prise **Zucker**
3/4 TL **Sesamöl**
30 **quadratische Wan-Tan-Teigplatten**
1 kleines **Eiweiß**, leicht verschlagen

SUPPE

2 l **Hühnerbrühe** (siehe S. 14)
2 EL helle **Sojasauce**
2 EL **Shao Xing-Reiswein** (oder **trockener Sherry**)
1 EL **schwarzer Reisessig** (oder **Aceto Balsamico**)
2 TL **Salz**
1/2 TL **weißer Pfeffer**
250 g **dünne (chinesische) Eiernudeln**

ZUM SERVIEREN

2 **Frühlingszwiebeln**, in dünne Ringe geschnitten
1 Handvoll **Korianderblätter**
30 g **Schnittknoblauch** (oder **Schnittlauch**), in feine Ringe geschnitten

Für die Wan-Tan-Teigtaschen Hackfleisch, Garnelen, Ingwer, Sojasauce, Frühlingszwiebeln, weißen Pfeffer, Zucker und Sesamöl in einer Schüssel gut vermengen. Einen Teelöffel der Mischung in die Mitte einer Teigplatte setzen, die Teigränder mit Eiweiß bestreichen, das Quadrat zum Dreieck falten und die Ränder gut zusammendrücken. Alle Teigplatten auf diese Weise füllen.

Für die Suppe die Brühe in einem großen Topf zum Kochen bringen. Sojasauce, Reiswein, Essig, Salz und weißen Pfeffer zugeben. Die Teigtaschen vorsichtig in die kochende Brühe geben und 4 bis 5 Minuten garen lassen.

In einem großen Topf Wasser zum Kochen bringen und die Nudeln darin 1 bis 2 Minuten weichkochen (oder nach Packungsanweisung zubereiten). Abgießen, unter kaltem Wasser abschrecken und abtropfen lassen. Die Nudeln auf Portionsschalen verteilen, die Wan-Tan-Suppe darüberschöpfen und mit Frühlingszwiebeln, Koriander und Schnittknoblauch garnieren.

Nudelsuppe mit Entenfleisch-Wan-Tan

6 bis 8 Portionen

WAN-TAN-TEIGTASCHEN

2 **getrocknete Shiitake-Pilze**
2 **Entenbrüste mit Haut** (à 200 g)
1 **Frühlingszwiebel**, in feine Ringe geschnitten
1/2 TL fein geriebener **frischer Ingwer**
1/2 EL **Austernsauce**
32 **quadratische Wan-Tan-Teigplatten**

SUPPE

2,5 l **Hühnerbrühe** (siehe S. 14)
100 ml **helle Sojasauce**
1 1/2 EL **Austernsauce**
1 1/2 EL **Kecap Manis**
1 Prise **weißer Pfeffer**
400 g **Reisnudeln** (1 cm breit)
80 g **chinesischer Brokkoli (Gai Larn)** oder **Brokkoli**, kleingeschnitten

ZUM SERVIEREN

2 **Frühlingszwiebeln**, in dünne Ringe geschnitten
2 EL **frittierte Schalotten** (siehe S. 15)

Pilze in heißem Wasser einweichen. Entenbrüste waschen und trocken tupfen, die Haut diagonal einschneiden. Brüste mit der Haut nach unten bei mittlerer Hitze ohne Fett in der Pfanne anbraten. Nach 5 Minuten wenden und in ca. 25 Minuten bei niedriger Hitze vollständig durchgaren. 5 Minuten ruhen lassen, dann das Fleisch mit der Haut fein würfeln. Pilze abgießen, Stiele entfernen, Kappen fein hacken und mit dem Entenfleisch in einer Schüssel gut vermengen. Frühlingszwiebel, Ingwer und Austernsauce untermischen. 1 Teelöffel der Füllung in die Mitte einer Wan-Tan-Teigplatte setzen, alle Ränder über der Füllung zusammenfassen, zusammendrücken und durch eine kleine Drehung verschließen, so dass kleine Säckchen entstehen. Alle Teigplatten so füllen.

Für die Suppe Brühe, Sojasauce, Austernsauce, Kecap Manis und weißen Pfeffer in einen Topf geben. Salzen und zum Kochen bringen. Die Teigtaschen in die Suppe geben und 3 bis 4 Minuten garen lassen. Wenn sie an die Oberfläche steigen, Topf von der Kochstelle nehmen.

Nudeln mit kochendem Wasser übergießen, damit sie weich werden (oder nach Packungsanweisung zubereiten). Brokkoli 30 Sekunden in kochendem Wasser blanchieren, abgießen und kalt abschrecken. Zum Servieren die Reisnudeln auf Portionsschalen verteilen, Brokkoli darauflegen und die Suppe mit den Wan-Tan darüberschöpfen. Mit Frühlingszwiebeln und frittierten Schalotten garnieren.

Nudelsuppe mit Fischbällchen

6 bis 8 Portionen

3 EL **Pflanzenöl**
3 **Knoblauchzehen**, fein gehackt
500 g **grätenloses Weißfischfilet** (ohne Haut), z. B. vom Kabeljau oder Seelachs, in grobe Scheiben geschnitten
1 TL **Salz**
1 Prise **weißer Pfeffer**
3 EL **Stärkemehl** (am besten Maisstärke)
300 g **dünne Reisnudeln (Vermicelli)**
2,5 l **Hühnerbrühe** (siehe S. 14)
1–2 EL **Fischsauce**
1½ EL **helle Sojasauce**

ZUM SERVIEREN
2 Handvoll **Bohnensprossen**
2 **Frühlingszwiebeln**, fein gehackt
1 Handvoll **Korianderblätter**
25 g **Schnittknoblauch** (oder **Schnittlauch**), kleingeschnitten
Sojasauce
3 **Vogelaugen-Chilis** (oder andere **rote Chilischoten**), in dünne Ringe geschnitten

Das Öl in einem kleinen Wok oder einer Pfanne erhitzen und den Knoblauch unter Rühren goldgelb braten. Wok oder Pfanne von der Kochstelle nehmen. Knoblauch mit einem Sieblöffel aus dem Öl nehmen und auf Küchenkrepp abtropfen lassen. Das mit Knoblauch aromatisierte Öl aufbewahren.

Die Fischstücke in einen Mixer geben und zu einer Paste verarbeiten. In einer Schüssel mit Salz, weißem Pfeffer und Stärkemehl gründlich verkneten. Den entstandenen Teig zu kleinen Bällchen in der Größe einer Walnuss rollen. In einem großen Topf Wasser zum Kochen bringen und die Fischbällchen darin 3 bis 4 Minuten garen. Abgießen, mit kaltem Wasser abschrecken und gut abtropfen lassen.

Nudeln mit kochendem Wasser übergießen, 5 bis 7 Minuten einweichen (oder nach Packungsanweisung zubereiten), abtropfen lassen und mit der Küchenschere in kürzere Stücke schneiden.

Die Brühe in einem großen Topf zum Kochen bringen, dann die Hitze reduzieren, so dass sie nur noch köchelt. Fischsauce, Sojasauce und Fischbällchen hineingeben und mit Salz abschmecken.

Die Nudeln auf Portionsschalen aufteilen, Bohnensprossen darauflegen. Die Suppe mit den Fischbällchen darüberschöpfen, mit Frühlingszwiebeln, Koriander und Schnittknoblauch garnieren. Knoblauch und Knoblauchöl in einer kleinen Schüssel vermengen und dazureichen. Zusätzlich Sojasauce und Chiliringe zum Würzen servieren.

Nudelsuppe mit Hähnchen

6 bis 8 Portionen

2 l **Hühnerbrühe** (siehe S. 14)
2 **Hühnerbrüste** (ohne Haut und Knochen)
1 **Stange Staudensellerie**, grob gewürfelt
5 **weiße Pfefferkörner**
1/2 **Zwiebel**, abgezogen
200 g **fadendünne Mungobohnen-Glasnudeln**
1–1 1/2 EL **Fischsauce**
1/2 TL **Zucker**
1/2 TL **Salz**

ZUM SERVIEREN
1 große Handvoll **Bohnensprossen**
15 g **Schnittknoblauch** (oder **Schnittlauch**), in 3 cm lange Stücke geschnitten
1 Handvoll **Korianderblätter**
2 EL **frittierte Schalotten** (siehe S. 15)
Fischsauce

Die Brühe in einem großen Topf zum Kochen bringen. Die Hühnerbrüste vorsichtig hineinlegen, Sellerie, Pfefferkörner und Zwiebel zugeben. Brühe wieder zum Kochen bringen, dann die Hitze reduzieren und alles 10 Minuten sanft köcheln lassen. Den Herd abdrehen, den Topf mit einem dicht schließenden Deckel versehen und das Hähnchen 20 Minuten lang in der Brühe abkühlen lassen (es gart während dieser Zeit noch weiter).

Nudeln 5 Minuten in heißem Wasser einweichen (oder nach Packungsanweisung zubereiten). Abtropfen lassen und mit der Küchenschere in kürzere Stücke schneiden.

Das Hühnerfleisch aus der Brühe nehmen, vollständig abkühlen lassen, klein schneiden und beiseitestellen. Die Brühe durch ein Sieb gießen und in den gereinigten Topf zurückgeben. Zum Kochen bringen und mit Fischsauce, Zucker und Salz würzen.

Zum Servieren die Nudeln auf Portionsschalen aufteilen. Hühnerfleisch, Bohnensprossen und Schnittknoblauch darauflegen. Die heiße Brühe darübergießen, mit Koriandergrün und frittierten Schalotten garnieren. Fischsauce zum Würzen dazureichen.

Hühnersuppe mit Kokosmilch und Reisnudeln

4 Portionen

1 l **Hühnerbrühe** (siehe S. 14)
600 ml **Kokosmilch**
2 Stängel **Zitronengras**, leicht angedrückt
6 **Korianderwurzeln**, gesäubert
10 **Kaffir-Zitronenblätter**, zerpflückt
4 **lange rote Chilischoten**, entkernt und in Ringe geschnitten
2–4 EL **Fischsauce**
90 ml **Limettensaft**
1 1/2 TL **Zucker**
350 g **Hühnerbrust** (ohne Haut und Knochen), in dünne Scheiben geschnitten
150 g **Reisnudeln** (1 cm breit)

ZUM SERVIEREN
1 Handvoll **Korianderblätter**
Limettenspalten

Brühe, Kokosmilch, Zitronengras, Korianderwurzeln, Kaffir-Zitronenblätter und Chilischoten in einem großen Topf zum Kochen bringen. Hitze reduzieren und alles 20 Minuten lang köcheln lassen. Die Nudeln zum Weichwerden mit kochendem Wasser übergießen (oder nach Packungsanweisung zubereiten). Abgießen, kalt abschrecken und gut abtropfen lassen. Korianderwurzeln und Zitronengras entfernen, Suppe mit Fischsauce, Limettensaft und Zucker würzen. Das Hühnerfleisch in die Suppe geben und in 6 bis 8 Minuten gar werden lassen. Nudeln dazugeben und die Suppe wieder zum Kochen bringen.

Suppe in Portionsschalen schöpfen und mit Koriander bestreuen. Dazu Limettenspalten reichen, deren Saft in die Suppe geträufelt wird. Sofort servieren.

Pho Reisnudelsuppe mit Huhn und Ingwer

4 bis 6 Portionen

- 2 **Zimtstangen**
- 1 EL **weiße Pfefferkörner**
- 1 Kapsel **schwarzer Kardamom**, leicht angedrückt (nach Belieben)
- 1 großes **Hähnchen** (ca. 2 kg schwer), in 8 Stücke zerteilt
- 10 cm **frischer Ingwer**, ungeschält, leicht angedrückt
- 1 **Zwiebel**, abgezogen
- 1 1/2–3 EL **Fischsauce**
- 1 EL **Zucker**
- 1 TL **Salz**
- 1 Prise **weißer Pfeffer**
- 600 g **Reisnudeln** (1 cm breit)

ZUM SERVIEREN

- 2 große Handvoll **Bohnensprossen**
- 1 Handvoll **Blätter vom Thai-Basilikum** (oder **Basilikumblätter**)
- 1 Handvoll **Korianderblätter**
- 1 Handvoll **Blätter vom Langen Koriander**, in Streifen geschnitten (nach Belieben)
- 1/2 **Zwiebel**, in feine Ringe beschnitten
- **Limettenspalten**
- 2 kleine **Vogelaugen-Chilis** (oder andere **rote Chilischoten**), fein gehackt
- 4 EL **Hoisin-Sauce**

Eine Pfanne mit schwerem Boden bei niedriger Hitze warm werden lassen. Zimtstangen, Pfefferkörner und (falls gewünscht) den Kardamom darin unter Rühren 3 bis 4 Minuten lang rösten, bis die Gewürze duften. Gewürze aus der Pfanne nehmen, abkühlen lassen und in ein kleines Musselintuch wickeln, dessen Enden gut verknotet werden.

3,5 l Wasser mit Hähnchen, Ingwer, Zwiebel und Gewürzsäckchen in einem großen Topf zum Kochen bringen. Die Hitze reduzieren und alles 2 Stunden lang köcheln, dabei immer wieder das Fett von der Oberfläche abschöpfen. Hühnerteile herausnehmen und abkühlen lassen. Mit den Händen die Haut entfernen und das Fleisch in grobe Stücke reißen.

Ingwer, Zwiebel und Gewürzsäckchen entfernen, Brühe durch ein Sieb gießen, wieder in den gereinigten Topf geben und zum Kochen bringen. Fischsauce, Zucker, Salz und weißen Pfeffer zugeben. Hitze reduzieren, so dass die Suppe nur noch köchelt.

Nudeln mit kochendem Wasser übergießen, damit sie weich werden (oder nach Packungsanweisung zubereiten). Abgießen, abschrecken und abtropfen lassen. Zum Servieren auf Portionsschalen aufteilen. Hühnerfleisch, Bohnensprossen, Basilikum, Koriander und Zwiebelringe darauflegen. Die Brühe darüberschöpfen. Kleine Schüsseln mit Limettenspalten, Chilis und Hoisin-Sauce dazureichen.

Scharf-saurer Nudeltopf mit Fisch und Meeresfrüchten 4 bis 6 Portionen

500 g **frischer Fisch und Meeresfrüchte**, wie Tintenfisch, Fischfilet und Garnelen (Shrimps), gesäubert, geschält und in mundgerechte Stücke geschnitten
2 EL **Pflanzenöl**
1 **Zwiebel**, in Ringe geschnitten
2 **Knoblauchzehen**, zerdrückt
2 Stängel **Zitronengras** (nur der weiße Teil), leicht angedrückt
1,5 l **Hühnerbrühe** (siehe S. 14)
2 Stangen **Staudensellerie**, schräg in dünne Ringe geschnitten
1 große **Tomate**, in dünne Spalten geschnitten
80 g **Ananas**, gewürfelt
2 EL **Fischsauce**
100 ml **Tamarindensaft** (siehe S. 14)
1 1/2 EL **Zucker**
1 TL **Salz**
200 g **dünne Reisnudeln (Vermicelli)**

MARINADE
2 **lange rote Chilischoten**, entkernt und fein gehackt
1 EL **Fischsauce**
1 Prise **frisch gemahlener schwarzer Pfeffer**

ZUM SERVIEREN
2 Handvoll **Bohnensprossen**
1 Handvoll **frische vietnamesische Kräuter**, wie Blätter von Reisfeldpflanze und Langem Koriander, in Streifen geschnitten (oder 1 Handvoll **Korianderblätter**)
1 **Frühlingszwiebel**, in Ringe geschnitten

Die Zutaten für die Marinade verrühren. Fisch und Meeresfrüchte in eine Schüssel geben und gut mit der Marinade vermengen. Im Kühlschrank 15 bis 20 Minuten marinieren lassen.

Das Öl in einem Topf erhitzen, Zwiebel, Knoblauch und Zitronengras darin ca. 30 Sekunden rührbraten, bis sie duften. Brühe, Sellerie, Tomate und Ananas zugeben, mit Fischsauce, Tamarindensaft, Zucker und Salz würzen. Brühe zum Kochen bringen, Hitze reduzieren und alles 2 bis 3 Minuten köcheln lassen. Fisch und Meeresfrüchte hineingeben und alles noch 2 bis 3 Minuten köcheln lassen, bis sie gar sind.

Nudeln zum Weichwerden in einer Schüssel mit kochendem Wasser übergießen (oder nach Packungsanweisung zubereiten). Abgießen, abschrecken und gut abtropfen lassen.

Zum Servieren die Nudeln auf Portionsschalen aufteilen, Bohnensprossen darauflegen. Die Suppe darüberschöpfen und mit frischen Kräutern und Frühlingszwiebel bestreuen.

TIPP Die aromatische Reisfeldpflanze wird in Vietnam zum Würzen und Garnieren von Suppen verwendet. Der Lange Koriander hat seinen Namen von den langen gezahnten Blättern. Er ähnelt im Geschmack Koriandergrün, ist aber würziger. Beide Kräuter erhält man in Asialäden.

Thailändische Nudelsuppe mit Garnelen

4 bis 6 Portionen

200 g **dünne Reisnudeln (Vermicelli)**
3 EL **Öl**
4 **Knoblauchzehen**, zerdrückt
2 **lange rote Chilischoten**, entkernt (nach Belieben) und in dünne Ringe geschnitten
2 Stängel **Zitronengras** (nur der weiße Teil), leicht angedrückt
8 Scheiben **frischer Galgant** (oder 6 Scheiben **frischer Ingwer**)
2 l **Hühnerbrühe** (siehe S. 14)
8 **Kaffir-Zitronenblätter**, zerpflückt
1½–3 EL **Fischsauce**
2 EL **Tamarindensaft** (siehe S. 14)
4 EL **Limettensaft**
1 TL **Salz**
2 TL **Zucker**
500 g **rohe Garnelen (Shrimps)**, geschält und ohne Darm, Schwänze ungeschält

ZUM SERVIEREN
1 Handvoll **Bohnensprossen**
1 Handvoll **Korianderblätter**

Die Nudeln zum Weichwerden in einer Schüssel mit kochendem Wasser übergießen (oder nach Packungsanweisung zubereiten). Abgießen, abschrecken und gut abtropfen lassen.

Öl bei mittlerer Hitze in einem großen Topf erwärmen. Knoblauch, Chilis, Zitronengras und Galgant darin braten, bis sie duften. Brühe und Zitronenblätter zufügen und alles zum Kochen bringen. Hitze reduzieren, so dass die Suppe köchelt, Fischsauce, Tamarindensaft, Limettensaft, Salz, Zucker und Garnelen zugeben und alles 2 bis 3 Minuten köcheln, bis sie gar sind. Zum Servieren die Nudeln auf Portionsschalen verteilen, Bohnensprossen darauflegen. Die Brühe mit den Garnelen darüberschöpfen und mit Koriander garnieren.

Pikante Nudelsuppe mit Hähnchen

4 bis 6 Portionen

1 großes **Hähnchen** (ca. 2 kg schwer), in 8 Stücke zerteilt
20 **schwarze Pfefferkörner**
1 Handvoll **Staudenselleriеblätter**, grob gehackt
1 **Zwiebel**, abgezogen

WÜRZZUTATEN

1 EL **Pflanzenöl**
4 **Knoblauchzehen**, zerdrückt
1 TL geriebener **frischer Ingwer**
3 **lange rote Chilischoten**, entkernt und fein gehackt
1 **Zwiebel**, fein gehackt
1 TL **Garnelenpaste**
1/2 TL **gemahlene Kurkuma**
1 EL **gemahlener Koriander**
1 TL **gemahlener Kumin**
1 TL **gemahlener Fenchel**
8 **Kaffir-Zitronenblätter**, zerpflückt
2 EL **gelbe Bohnenpaste**
1–2 EL **Fischsauce**
2 TL **Zucker**
600 g **Reisnudeln** (1 cm breit)

ZUM SERVIEREN

2 **Frühlingszwiebeln**, schräg in dünne Ringe geschnitten
3 EL **frittierte Schalotten** (siehe S. 15)
1 Handvoll **Blätter vom Thai-Basilikum** (oder **Basilikumblätter**)
Limettenspalten

3 Liter Wasser mit Hühnerteilen, Pfefferkörnern, Sellerieblättern und der ganzen Zwiebel in einen großen Topf geben und mit Salz würzen. Zum Kochen bringen, die Hitze reduzieren und 1 1/2 bis 2 Stunden köcheln lassen, dabei immer wieder das Fett von der Oberfläche abschöpfen. Hühnerteile herausnehmen und abkühlen lassen. Haut und Fleisch auslösen, Fleisch mit den Händen zerpflücken. Brühe durchseihen, Pfefferkörner, Sellerie und Zwiebel entfernen.

Öl in einem großen Topf erhitzen. Knoblauch, Ingwer, Chilis und gehackte Zwiebel darin braten, bis sie duften. Garnelenpaste zufügen und so lange braten, bis sie sich trennt. Gewürze zufügen und alles 1 bis 2 Minuten braten. Brühe, Zitronenblätter, gelbe Bohnenpaste, Fischsauce und Zucker zugeben und alles zum Kochen bringen. Hitze reduzieren, so dass die Suppe köchelt. Mit Salz abschmecken.

Die Nudeln mit heißem Wasser übergießen, damit sie weich werden (oder nach Packungsanweisung zubereiten). Abgießen, abschrecken und abtropfen lassen. Auf Portionsschalen aufteilen, das Hühnerfleisch darauflegen und die Suppe darüberschöpfen. Mit Frühlingszwiebeln, frittierten Schalotten und Thai-Basilikum bestreuen und mit Limettenspalten servieren.

Reisnudelsuppe mit Schweinefleisch und Garnelen

4 bis 6 Portionen

2 EL **Pflanzenöl**
2 **Knoblauchzehen**, zerdrückt
1 große **Möhre**, grob gewürfelt
10 **schwarze Pfefferkörner**
200 g **Schweinenacken**
3 l **Hühnerbrühe** (siehe S. 14)
250 g **getrocknete Reisnudeln (Rice Sticks)**
24 **rohe Garnelen (Shrimps)**, geschält und ohne Darm, Schwänze ungeschält
1 EL **Fischsauce**
1 EL **Sojasauce**

ZUM SERVIEREN
1 Handvoll **Bohnensprossen**
2 **Frühlingszwiebeln**, in dünne Ringe geschnitten
1 Handvoll **Korianderblätter**
4 **Vogelaugen-Chilis** (oder andere **rote Chilischoten**), fein gehackt
3 EL **Limettensaft**
2 EL **Fischsauce**

Öl in einem großen Topf erhitzen und den Knoblauch darin braten, bis er duftet. Möhre, Pfefferkörner und Schweinenacken zufügen, umrühren, Brühe hineingießen und alles zum Kochen bringen. Hitze reduzieren und die Suppe 1 Stunde lang köcheln lassen. Dabei das aufsteigende Fett immer wieder von der Oberfläche abnehmen. Schweinefleisch herausnehmen, abkühlen lassen und in dünne Scheiben schneiden.

Nudeln in einem großen Topf mit kochendem Wasser 2 bis 3 Minuten kochen (oder nach Packungsanweisung zubereiten). Abgießen, abschrecken, abtropfen lassen und beiseitestellen.

Brühe durch ein Sieb gießen, feste Bestandteile entfernen. In den gereinigten Topf zurückfüllen und zum Kochen bringen. Garnelen, Fisch- und Sojasauce zufügen, Suppe mit Salz abschmecken und 3 bis 4 Minuten köcheln lassen, bis die Garnelen gar sind.

Nudeln auf Portionsschalen verteilen. Fleischscheiben und Bohnensprossen darauflegen, Brühe mit den Garnelen darüberschöpfen. Mit Frühlingszwiebeln und Koriander garnieren. Chilis, Limettensaft und Fischsauce in einer kleinen Schüssel verrühren und dazureichen.

Eiernudelsuppe mit Fisch

6 bis 8 Portionen

150 g **Choi Sum** oder **Pak Choi (Chinakohl oder Mangold)**, kleingeschnitten
400 g **dünne (chinesische) Eiernudeln**
2 l **Hühnerbrühe** (siehe S. 14)
1 EL **Sojasauce**
1–2 EL **Fischsauce**
1 EL **Zucker**
1 EL **Salz**
1 Prise **weißer Pfeffer**
500 g **festes Weißfischfilet** (ohne Haut), z. B. vom Kabeljau oder Seelachs, schräg in dünne Streifen geschnitten

ZUM SERVIEREN
1 Handvoll **Frühlingszwiebeln**, schräg in dünne Ringe geschnitten
1 Handvoll **Korianderblätter**
2 EL **frittierte Schalotten** (siehe S. 15)
Sojasauce
3 kleine **Vogelaugen-Chilis** (oder andere **rote Chilischoten**), in dünne Ringe geschnitten

Salzwasser in einem großen Topf zum Kochen bringen. Das Kohlgemüse darin 20 Sekunden blanchieren. Mit einem Sieblöffel herausnehmen und in einem Sieb unter kaltem Wasser abschrecken. Abtropfen lassen. Die Nudeln im kochenden Wasser 1 bis 2 Minuten garen (oder nach Packungsanweisung zubereiten), kalt abschrecken und abtropfen lassen.

Die Brühe mit Sojasauce, Fischsauce, Zucker, Salz, weißem Pfeffer und dem Fisch in einem großen Topf ca. 2 Minuten lang köcheln lassen, bis der Fisch gar ist.

Nudeln und Kohlgemüse auf Portionsschalen verteilen und die Brühe mit dem Fisch darüberschöpfen. Mit Frühlingszwiebeln, Koriander und frittierten Schalotten garnieren. Sojasauce und Chilis in einer kleinen Schüssel vermengen und zur Suppe reichen.

02ASIASALATE

Ein Salat bietet alles, was ich an asiatischem Essen so liebe: den frischen Geschmack, den unterschiedlichen »Biss« der Bestandteile und das belebende Aroma von Kräutern. Südostasiatische Salate sind Hauptmahlzeiten und haben wenig mit dem grünen Blattsalat zu tun, den westliche Gaumen als Beilage zu Nudel- oder Fleischgerichten kennen. Für alle Salatrezepte verwende ich Nudeln, dazu Schweine- oder Rindfleisch, Fisch und Meeresfrüchte oder Gemüse. Zum Schluss werden frische Kräuter wie Minze, Koriander oder Thai-Basilikum untergemischt. Frittierte Schalotten, frittierter Knoblauch, Sesamsamen oder Erdnüsse sind ein knuspriger Kontrast. Gerne gebe ich auch Bohnensprossen dazu: Sie sind zart und knackig und nehmen wie Nudeln die Aromen des Dressings auf. Die Salate werden warm oder in Raumtemperatur serviert. Wählen Sie zwischen leichten Gerichten wie dem Glasnudelsalat mit Schweinefleisch, Minze und Ingwer oder einem gehaltvollen Salat wie dem Nudelsalat mit Grillhähnchen.

壽
萬

GRUNDREZEPTE

Geröstete Sesamsamen

2 EL **Sesamsamen** (weiß oder schwarz)

Die Sesamsamen bei niedriger Hitze ohne Fett in einer Pfanne rösten. So lange rühren, bis die Samen leicht bräunlich, aber nicht verbrannt aussehen. Abkühlen lassen. In einem luftdicht verschlossenen Behälter bis zu 1 Monat lang haltbar.

Ergibt 2 Esslöffel

Geröstete Nüsse

160 g **ungesalzene Erdnüsse** oder **Cashewkerne**

Nüsse bei niedriger Hitze ohne Fett in einer Pfanne rösten, bis sie außen leicht gebräunt sind. In einem luftdicht verschlossenen Behälter im Kühlschrank bis zu 3 Monate lang haltbar. Bei Bedarf mahlen oder hacken.

Ergibt 160 g

Geröstete Kokosraspeln

30 g **Kokosraspeln**

Kokosraspeln bei mittlerer Hitze ohne Fett in einer Pfanne rösten, bis sie leicht gebräunt sind. In einem luftdicht verschlossenen Behälter bis zu 1 Monat lang haltbar.

Ergibt 30 g

Nuoc Cham

2 **lange rote Chilischoten**, entkernt und grob gehackt
2 **Knoblauchzehen**, abgezogen
2 EL **Puderzucker** (oder **sehr feiner Zucker**)
2 EL **Limettensaft**
2–3 EL **Fischsauce**
1 EL **Essig**

Chilis und Knoblauch im Mörser oder mit Hilfe eines Mixers zu einer Paste verarbeiten. Zucker, Limettensaft, Fischsauce, Essig und 2 oder 3 EL Wasser zugeben (je nachdem, wie viel Fischsauce verwendet wurde) und so lange rühren, bis sich der Zucker aufgelöst hat. In einem luftdicht verschlossenen Gefäß im Kühlschrank bis zu 1 Woche lang haltbar.

Ergibt ca. 160 ml

Chiliessig

100 ml **Reisessig** oder **Kokosessig**
1 EL **Puderzucker** (oder **sehr feiner Zucker**)
3 kleine **Vogelaugen-Chilis** (oder andere **rote Chilischoten**), fein gehackt

Die Zutaten in einer kleinen Schüssel vermischen und so lange rühren, bis der Zucker sich aufgelöst hat. In einem fest verschlossenen Gefäß im Kühlschrank bis zu 1 Woche lang haltbar.

Ergibt ca. 125 ml

Chiliöl

250 ml **Pflanzenöl**
1 EL **Sichuan-Pfefferkörner**
4 **getrocknete rote Chilischoten**, in dünne Ringe geschnitten

Das Öl im Wok bei niedriger Hitze erwärmen. Pfefferkörner und Chilis darin 15 Minuten lang unter Rühren schmoren. Beiseitestellen und abkühlen lassen. 2 bis 3 Tage lang in einem verschlossenen Behältnis aufbewahren, damit das Aroma sich entwickeln kann. Dann das Öl abseihen, Pfefferkörner und Chilis entfernen. Kühl in einem fest verschlossenen Gefäß gelagert ist das Öl bis zu 3 Monate lang haltbar.

Ergibt 250 ml

Reispapierrollen

4 Portionen

60 g **dünne Reisnudeln (Vermicelli)**
8 **Reispapierblätter**
8 Blätter **Kopfsalat**
150 g **geräuchter oder anderer fester Tofu**, in 1 cm lange Streifen geschnitten
1 kleine Handvoll **Minzeblätter**
1 kleine **Möhre**, in feine Streifen geschnitten
1 **Gurke**, geschält und in feine Streifen geschnitten
1 Handvoll **Korianderblätter**

SAUCENDIP
4 EL **Hoisin-Sauce**
1 EL **Reisessig**
1 EL **Zucker**
1 EL **geröstete Erdnüsse**, gehackt (siehe S. 70)

Reisnudeln in einer Schüssel 5 bis 7 Minuten in heißem Wasser einweichen (oder nach Packungsanweisung zubereiten). Abtropfen lassen und in kürzere Stücke schneiden.

Eine große Schüssel mit heißem Wasser füllen. Die Reispapierblätter jeweils ca. 15 Sekunden ins Wasser tauchen, damit sie weich werden, und auf einem feuchten Küchentuch auslegen. Auf jedes Blatt ein Salatblatt und zwei Streifen Tofu legen. Darauf noch zwei bis drei Minzeblätter, Möhrenstreifen, Gurkenstreifen, Koriandergrün und Reisnudeln geben. Die Unterkante des Reispapiers über die Füllung nach oben schlagen, beide Seitenkanten einschlagen und dann so eng wie möglich einrollen. Die fertigen Rollen unter ein feuchtes Küchentuch legen.

Für den Saucendip alle Zutaten (außer den Erdnüssen) mit zwei Esslöffeln Wasser in einer kleinen Schüssel verrühren, bis der Zucker sich aufgelöst hat. In kleine Portionsschalen umfüllen und mit den Erdnüssen bestreuen. Pro Person zwei Reispapierrollen mit dem Saucendip servieren.

Nudelsalat mit Entenbrust und Koriander

2 bis 4 Portionen

6 **Entenbrüste mit Haut** (à 200 g)

DRESSING

3 EL **helle Sojasauce**
2 EL **schwarzer Reisessig** (oder **Aceto Balsamico**)
1 EL zerstoßener **Palmzucker** (oder **weicher brauner Zucker**)
1/4 TL **Sesamöl**
1 EL **Mirin (japanischer Reiswein)** (oder **halbtrockener Sherry**), nach Belieben
1 TL **gemahlener Koriander**

SALAT

200 g **dünne (chinesische) Eiernudeln**
8 **Zuckerschoten (Mangetout)**, blanchiert und in sehr feine Streifen geschnitten
6 **Baby-Maiskolben**, blanchiert und schräg in dünne Streifen geschnitten
1 Handvoll **Minzeblätter**
1 Handvoll **Korianderblätter**
3 **rote asiatische Schalotten** (oder 1 große **rote Zwiebel**), in Ringe geschnitten

ZUM SERVIEREN

1 EL **geröstete Kokosraspeln** (siehe S. 70)
1 EL **geröstete Sesamsamen** (siehe S. 70)

Entenbrüste waschen und trocken tupfen, die Haut diagonal einschneiden. Brüste mit der Haut nach unten bei mittlerer Hitze ohne Fett in der Pfanne anbraten. Nach 5 Minuten wenden und in ca. 25 Minuten bei niedriger Hitze vollständig durchgaren. 5 Minuten ruhen lassen, in dünne Scheiben schneiden und beiseitestellen. Alle Dressingzutaten mischen und so lange verrühren, bis der Zucker sich aufgelöst hat.

In einem großen Topf Wasser zum Kochen bringen und die Nudeln darin 1 bis 2 Minuten weichkochen (oder nach Packungsanweisung zubereiten), abgießen, abschrecken und gut abtropfen lassen. Vorsichtig mit den anderen Salatzutaten vermengen, dann so viel Dressing darübergeben, dass alles gut benetzt wird. Salat behutsam, aber gründlich mischen.

Den Nudelsalat auf Portionsteller aufteilen, die Entenbrustscheiben darauflegen und mit Kokosraspeln und Sesamsamen bestreuen. Übriges Dressing dazureichen.

Eiernudelsalat mit Gemüse

4 Portionen

SALAT

400 g **dicke (chinesische) Eiernudeln**
2 **lange rote Chilischoten**, entkernt und in sehr feine Streifen geschnitten
5 **Frühlingszwiebeln**, in sehr feine Streifen geschnitten
40 g **Chinakohl**, gehobelt
1 **Möhre**, in sehr feine Streifen geschnitten
1 große Handvoll **Bohnensprossen**
1 Handvoll **gemischte frische Kräuter**, wie die Blätter von Thai-Basilikum, Minze, vietnamesischem Koriander, Koriander oder Langem Koriander (oder 1 Handvoll **Minze-** und **Korianderblätter**)

DRESSING

4 EL **helle Sojasauce**
4 EL **dunkle Sojasauce**
2 EL **schwarzer Reisessig** (oder **Aceto Balsamico**)
3 TL **Sesamöl**
1 Prise **frisch gemahlener schwarzer Pfeffer**

Alle Dressingzutaten in einer Schüssel gut vermischen.

Die Eiernudeln mit heißem Wasser übergießen, damit sie weich werden, (oder nach Packungsanweisung zubereiten) und gut abtropfen lassen. Unter kaltem Wasser abschrecken und wieder abtropfen lassen. Mit den restlichen Salatzutaten in eine Schüssel geben, mit Salz würzen und alles vorsichtig vermengen. So viel Dressing darübergeben, dass alles gut benetzt wird, und den Salat behutsam, aber gründlich mischen. Auf Portionsteller verteilen, übriges Dressing dazureichen.

Pikanter chinesischer Nudelsalat

4 bis 6 Portionen

2 EL **Pflanzenöl**
1 **Zwiebel**, fein gehackt
3 **Knoblauchzehen**, zerdrückt
300 g **Hackfleisch vom Rind**
100 g **eingelegter Rettich**, fein gehackt
500 g **getrocknete dünne Weizennudeln**

DRESSING
4 EL **dunkle Sojasauce**
1 1/2 EL **schwarzer Reisessig** (oder **Aceto Balsamico**)
1 1/2 EL **Chiliöl** (siehe S. 71)
1 TL **Sesamöl**
1/2 TL **weißer Pfeffer**
4 **Frühlingszwiebeln**, fein gehackt

ZUM SERVIEREN
1 Handvoll **Korianderblätter**, fein gehackt

Öl im Wok so heiß werden lassen, dass es raucht. Zwiebel, Knoblauch und Hackfleisch darin 3 bis 4 Minuten unter Rühren anbraten, bis das Fleisch durchgegart ist. Den Rettich unterheben. Den Wok von der Kochstelle nehmen, alles etwas abkühlen lassen.

Die Dressingzutaten in einer Schüssel mischen. Das Dressing über die Fleisch-Rettich-Mischung geben, alles gut vermengen und auf Raumtemperatur abkühlen lassen.

Die Weizennudeln in kochendem Wasser 1 bis 2 Minuten lang weichkochen (oder nach Packungsanweisung zubereiten). Abgießen und mit kaltem Wasser abschrecken. Abtropfen lassen. Zum Servieren die Nudeln auf Portionsteller aufteilen, jeweils etwas Fleisch-Rettich-Mischung daraufgeben und mit Koriander garnieren.

TIPP Eingelegten Rettich gibt es in den meisten Asia-Feinkostläden.

Nudelsalat mit Grillhähnchen

2 bis 4 Portionen

2 **Hähnchenschenkel** (ohne Haut und Knochen)
250 g **dicke (chinesische) Eiernudeln**
1 EL **Pflanzenöl**
1 **lange rote Chilischote**, entkernt und in sehr feine Streifen geschnitten
1 kleine Handvoll **Minzeblätter**
1 kleine Handvoll **Korianderblätter**

MARINADE
1 EL fein geriebener **frischer Ingwer**
1 EL **Puderzucker** (oder **sehr feiner Zucker**)
2–3 EL **Austernsauce**
3 EL **Shao Xing-Reiswein** (oder **trockener Sherry**)
1 EL **Pflanzenöl**
2 **Knoblauchzehen**, fein gehackt

DRESSING
2 EL **helle Sojasauce**
1/2 TL **Sesamöl**
1 EL **schwarzer Reisessig** (oder **Aceto Balsamico**)
1 EL **Puderzucker** (oder **sehr feiner Zucker**)
2 EL **Limettensaft**

ZUM SERVIEREN
1 EL **geröstete Sesamsamen** (siehe S. 70)

Alle Marinadezutaten in einer großen Schüssel vermengen. Hähnchenfleisch darin wenden, so dass es rundum benetzt ist. Im Kühlschrank mindestens 4 Stunden oder über Nacht marinieren lassen. Alle Dressingzutaten so lange verrühren, bis sich der Zucker aufgelöst hat.

Eiernudeln mit heißem Wasser übergießen, damit sie weich werden, (oder nach Packungsanweisung zubereiten), abgießen, mit kaltem Wasser abschrecken und gut abtropfen lassen.

Eine Grillpfanne bei mittlerer Hitze erwärmen. Das Öl hineingeben. Wenn es heiß ist, das Hähnchenfleisch auf jeder Seite 5 bis 6 Minuten braten, bis es durchgegart ist. Aus der Pfanne nehmen, 5 Minuten lang warmstellen und in Scheiben schneiden.

Nudeln, Chili, Minze und Koriander vermengen, alles gut mit Dressing benetzen und den Salat vorsichtig mischen. Nudelsalat auf einer großen Servierplatte oder in Portionsschalen anrichten, das in Scheiben geschnittene Hühnerfleisch darauflegen und Sesamsamen darüberstreuen. Übriges Dressing dazureichen.

萬

Nudelsalat mit Fischfilet aus Nordvietnam 4 bis 6 Portionen

400 g **festes Weißfischfilet** (ohne Haut), z. B. vom Kabeljau oder Seelachs, in dicke Scheiben geschnitten
3 EL **Pflanzenöl**
2 Handvoll **Dill**, grob gehackt
2 **Frühlingszwiebeln**, in Ringe geschnitten

MARINADE
3 **Knoblauchzehen**, abgezogen
4 cm **frischer Galgant**, in Scheiben geschnitten
1 Prise **Salz**
1 EL **gemahlene Kurkuma**
1–2 EL **Fischsauce**
1 Prise **frisch gemahlener schwarzer Pfeffer**
1 1/2 TL **Puderzucker** (oder **sehr feiner Zucker**)
2 EL **Pflanzenöl**
1 Prise **Chilipulver**

SALAT
200 g **Reisnudeln (Vermicelli)**
1 Handvoll **Minzeblätter**, grob gehackt
1 Handvoll **Blätter vom Thai-Basilikum**, grob gehackt
120–160 ml **Nuoc Cham** (siehe S. 71)

ZUM SERVIEREN
4 EL gemahlene **geröstete Erdnüsse** (siehe S. 70)

Für die Marinade Knoblauch, Galgant und Salz im Mörser zu einer Paste verarbeiten. Restliche Marinadezutaten zugeben und so lange unterrühren, bis sich der Zucker aufgelöst hat.

Fischscheiben in einer Schüssel mit der Marinade übergießen und so lange wenden, bis sie vollständig von Marinade überzogen sind. Schüssel zudecken und den Fisch im Kühlschrank mindestens vier Stunden oder über Nacht marinieren lassen.

Für den Salat die Nudeln in einer Schüssel mit kochendem Wasser übergießen und 5 bis 7 Minuten weich werden lassen. Nach dem Abtropfen in einer großen Schüssel mit Minze und Thai-Basilikum mischen und so viel Nuoc Cham zugeben, dass alles gut benetzt ist.

Öl im Wok so heiß werden lassen, dass es raucht. Den Fisch darin 2 bis 3 Minuten unter Rühren braten. 3 EL Wasser zugeben und alles noch 3 Minuten braten, bis der Fisch gar ist. Dill und Frühlingszwiebeln unterrühren und den Wok von der Kochstelle nehmen.

Zum Servieren den Nudelsalat in eine große Schüssel füllen, Fischstücke darauflegen und Erdnüsse darüberstreuen. Warm oder kalt servieren.

Glasnudelsalat mit Garnelen und Tintenfisch 2 bis 4 Portionen

150 g **fadendünne Mungobohnen-Glasnudeln (Vermicelli)**
3 cm **frischer Ingwer**, gehackt
3 **Knoblauchzehen**, gehackt
2 kleine **rote asiatische Schalotten** (oder 1 kleine **rote Zwiebel**), gehackt
1 Prise **Salz**
1 EL **Pflanzenöl**
200 g gesäuberter und vorbereiteter **Tintenfisch**, in dünne Streifen geschnitten
500 g **gekochte Garnelen (Shrimps)**, geschält und ohne Darm, längs halbiert
1 Handvoll **Blätter vom Thai-Basilikum** (oder **Basilikumblätter**)
2 **Frühlingszwiebeln**, in feine Ringe geschnitten
1 Handvoll **Korianderblätter**

DRESSING
2 kleine **rote Chilischoten**, gehackt
1/2 TL **Chiliflocken**
90 ml **Limettensaft**
2–3 EL **Fischsauce**
2 EL **Puderzucker** (oder **sehr feiner Zucker**)

ZUM SERVIEREN
2 EL **frittierte Schalotten** (siehe S. 15)
2 EL gehackte **geröstete Erdnüsse** (siehe S. 70)
Limettenspalten

Glasnudeln 5 Minuten in kochendem Wasser einweichen (oder nach Packungsanweisung zubereiten) und gut abtropfen lassen. Mit der Küchenschere in kürzere Stücke schneiden.

Ingwer, Knoblauch, Schalotten und Salz im Mörser zu einer groben Paste verarbeiten. Das Öl im Wok sehr heiß werden lassen und die Paste darin 20 bis 30 Sekunden lang unter Rühren braten, bis sie duftet. Tintenfisch zugeben und noch eine Minute rührbraten, bis er glasig wird. Wok von der Kochstelle nehmen und beiseitestellen.

Alle Dressingzutaten vermischen und so lange rühren, bis sich der Zucker aufgelöst hat. Falls gewünscht, noch mit Fischsauce nachwürzen.

Nudeln, Tintenfisch, Garnelen, Basilikum, Frühlingszwiebeln und Koriander mischen. Dressing darübergießen und alles vorsichtig vermengen. Zum Servieren in eine große Schüssel oder auf Portionsteller geben, mit frittierten Schalotten und Erdnüssen bestreuen. Dazu Limettenspalten reichen.

Soba-Nudelsalat mit Hähnchen

4 bis 6 Portionen

1 EL **Salz**
200 g **japanische Soba-Nudeln** (aus Buchweizen)
125 ml **Hühnerbrühe** (siehe S. 14)
4 EL **Shao Xing-Reiswein** oder **trockener Sherry**
4 cm **frischer Ingwer**, in Scheiben geschnitten
1 **Zwiebel**, geviertelt
500 g **Hühnerbrust** (ohne Haut und Knochen)

DRESSING
1 EL **Mirin (japanischer Reiswein)** (oder **halbtrockener Sherry**)
2 EL **schwarzer Reisessig** (oder **Aceto Balsamico**)
2 EL **helle Sojasauce**
2 EL **Pflanzenöl**
2 TL **Sesamöl**
1 EL **Limettensaft**
2 **Frühlingszwiebeln**, in dünne Ringe geschnitten

ZUM SERVIEREN
1 EL **geröstete Sesamsamen** (siehe S. 70)

3 Liter Wasser mit dem Salz in einem großen Topf zum Kochen bringen. Die Soba-Nudeln darin ohne Deckel 4 bis 5 Minuten kochen (oder nach Packungsanweisung zubereiten). Abgießen, kalt abschrecken, gut abtropfen lassen. Abdecken und in den Kühlschrank stellen.

Brühe, Reiswein, Ingwer und Zwiebel in einem großen Topf zum Kochen bringen, Hühnerbrust zugeben und alles 6 Minuten köcheln lassen. Topf zudecken und das Hähnchen auf der ausgeschalteten Kochplatte in der Brühe auskühlen lassen (es gart während dieser Zeit noch weiter). Hühnerfleisch aus der Brühe nehmen und mit der Hand oder einer Gabel zerpflücken. Brühe weggießen.

Alle Dressingzutaten gut vermischen. Hühnerfleisch und Nudeln in einer Schüssel vermengen und so viel Dressing darübergießen, dass alles gut benetzt ist. Vorsichtig mischen. Zum Servieren die Nudelmischung in eine große Schüssel oder Portionsschalen häufen und mit Sesamsamen bestreuen. Übriges Dressing dazureichen.

Chinesischer Nudelsalat mit Sesamdressing 2 bis 4 Portionen

300 g **dünne (chinesische) Weizennudeln**
2 Handvoll **Bohnensprossen**

DRESSING
2 EL **helle Sojasauce**
2 EL **Kecap Manis**
1 EL **Sesamöl**
2 EL **schwarzer Reisessig** (oder **Aceto Balsamico**)
2 TL **Chiliöl** (siehe S. 71)
2 **Vogelaugen-Chilis** (oder andere **rote Chilischoten**), entkernt und in feine Streifen geschnitten
1 EL in sehr feine Streifen geschnittener **frischer Ingwer**
2 EL fein gehackte **Korianderwurzel, -stiele** und **-blätter**

ZUM SERVIEREN
2 **Frühlingszwiebeln**, in dünne Ringe geschnitten
1 EL **geröstete Sesamsamen** (siehe S. 70)

Die Weizennudeln 1 bis 2 Minuten in kochendem Wasser garen (oder nach Packungsanweisung zubereiten), bis sie weich sind. Abgießen, mit kaltem Wasser abschrecken und gut abtropfen lassen. Die Bohnensprossen 30 Sekunden in heißem Wasser blanchieren und abtropfen lassen.

Alle Dressingzutaten in einer Schüssel gut verrühren.

Nudeln und Bohnensprossen in einer Schüssel mischen. So viel Dressing darübergeben, dass alles gut benetzt ist, und den Salat vorsichtig mischen. In eine Servierschüssel umfüllen und mit Frühlingszwiebeln und Sesamsamen bestreuen. Übriges Dressing dazuservieren.

8
16

Reisnudelsalat mit Rindfleisch und Zitronengras

4 bis 6 Portionen

400 g **Rump- oder Lendensteak**, in dünne Streifen geschnitten
3 EL **Pflanzenöl**

MARINADE
2 Stängel **Zitronengras** (nur der weiße Teil), fein gehackt
3 **Knoblauchzehen**, abgezogen
1 TL **Salz**
1 **Zwiebel**, halbiert und in dünne Ringe geschnitten
1/2 TL **frisch gemahlener schwarzer Pfeffer**
1/2–1 EL **Fischsauce**
1/2 TL **Puderzucker** (oder **sehr feiner Zucker**)

SALAT
150 g **Reisnudeln (Vermicelli)**
2 große Handvoll **Bohnensprossen**
1 kleine Handvoll **Minzeblätter**, in Streifen geschnitten
1 kleine Handvoll **Korianderblätter**
1 kleine **Möhre**, in sehr feine Streifen geschnitten
1 **Gärtnergurke**, entkernt und in sehr feine Streifen geschnitten
2 **Eissalatblätter**, grob gehackt
1 Stängel **Zitronengras** (nur der weiche innere Teil), fein gehackt
120–160 ml **Nuoc Cham** (siehe S. 71)

ZUM SERVIEREN
2 EL gehackte **geröstete Erdnüsse** (siehe S. 70)
2 EL **frittierte Schalotten** (siehe S. 15)
Limettenspalten

Für die Marinade Zitronengras, Knoblauch und Salz im Mörser zu einer Paste verarbeiten. Restliche Marinadezutaten unterrühren. Rindfleischstreifen in einer Schüssel mit der Marinade mischen, bis das Fleisch vollständig überzogen ist. Im Kühlschrank mindestens 4 Stunden oder über Nacht marinieren lassen.

Die Vermicelli in einer Schüssel mit heißem Wasser übergießen, 5 bis 7 Minuten einweichen (oder nach Packungsanweisung zubereiten), abgießen und abtropfen lassen. Mit Sprossen, Minze, Koriander, Möhre, Gurke und Salat in eine große Schüssel geben und alles behutsam, aber gründlich mischen. Zitronengras und Nuoc Cham vermengen, zum Salat geben und wieder gut mischen.

Öl im Wok so heiß werden lassen, dass es raucht. Das Rindfleisch portionsweise 3 bis 4 Minuten unter Rühren braten, bis es gar ist.

Salat in eine Servierschüssel umfüllen, Rindfleischstreifen darauflegen. Mit gerösteten Erdnüssen und frittierten Schalotten bestreuen. Mit Limettenspalten servieren, deren Saft über den Salat geträufelt wird.

Somen-Nudelsalat mit Räucherlachs

4 Portionen

200 g **Somen-Nudeln** (oder andere **dünne getrocknete Weizennudeln**)
250 g **Räucherlachs**
20 g (oder ein dünner Bund) **Schnittlauch**, in feine Ringe geschnitten
2–3 **rote asiatische Schalotten** (oder 1–2 **rote Zwiebeln**), in dünne Ringe geschnitten
2 kleine **reife Avocados**, gewürfelt

DRESSING
4 EL **Pflanzenöl**
2½ EL **schwarzer Reisessig** (oder **Aceto Balsamico**)
1 EL **Limettensaft**
1 EL **Mirin (japanischer Reiswein)** (oder **halbtrockener Sherry**), nach Belieben
2 TL **Wasabi**

ZUM SERVIEREN
2 TL **geröstete weiße Sesamsamen** (siehe S. 70)
2 TL **geröstete schwarze Sesamsamen** (siehe S. 70)

Die Nudeln in einem großen Topf mit kochendem Wasser 2 Minuten lang kochen (oder nach Packungsanweisung zubereiten), bis sie gar, aber noch bissfest sind. Abgießen, kalt abschrecken und gut abtropfen lassen. Den Räucherlachs in mundgerechte Stücke zerpflücken.

Alle Dressingzutaten in einer Schüssel gut mischen. Lachs, Schnittlauch, Schalotten und Avocados in einer anderen Schüssel vorsichtig vermengen.

Zum Servieren die Nudeln auf Portionsteller aufteilen, die Lachs-Avocado-Mischung darauf verteilen. Den Salat mit den schwarzen und weißen Sesamsamen bestreuen. Übriges Dressing dazuservieren.

Reisnudelsalat mit Schweinefleisch, Garnelen und Kokosdressing

4 bis 6 Portionen

1 TL **Salz**
250 g **Schweinenacken**
200 g **getrocknete Reisnudeln** (am besten die Sorte mit der Bezeichnung *Bun*)
1 Handvoll **Blätter vom Thai-Basilikum** (oder **Basilikumblätter**), in Streifen geschnitten
1 **Gärtnergurke**, entkernt und in sehr feine Streifen geschnitten
1 Handvoll **Bohnensprossen**
250 g **gekochte Garnelen (Shrimps)**, geschält und ohne Darm, längs halbiert

DRESSING
120 ml **Nuoc Cham** (siehe S. 71)
1–2 EL **Fischsauce**
160 ml **Kokoscreme**

ZUM SERVIEREN
2 EL **frittierte Schalotten** (siehe S. 15)
Limettenspalten

1,5 Liter Wasser mit dem Salz in einem großen Topf zum Kochen bringen, den Schweinenacken hineinlegen und das Wasser wieder zum Kochen bringen. Hitze reduzieren und alles 6 Minuten köcheln lassen. Topf mit Deckel verschließen, Kochplatte abstellen und das Fleisch im Wasser abkühlen lassen (es gart während dieser Zeit noch weiter). Das abgekühlte Fleisch aus dem Wasser nehmen und in dünne Scheiben schneiden.

Nudeln in einer Schüssel mit kochendem Wasser übergießen und 5 bis 7 Minuten weich werden lassen (oder nach Packungsanweisung zubereiten). Abgießen, kalt abschrecken und gut abtropfen lassen.

Alle Dressingzutaten gründlich verrühren.

Nudeln mit Basilikum, Gurke und Bohnensprossen vermengen. So viel Dressing zufügen, dass alles gut benetzt ist, den Salat gut mischen und abschmecken. In eine Servierschüssel umfüllen, Schweinefleisch und Garnelen darauflegen und mit frittierten Schalotten garnieren. Mit Limettenspalten und übrigem Dressing servieren.

Eiernudelsalat mit gegrilltem Rindfleisch 4 Portionen

3 **Rump- oder Lendensteaks** (ohne Fettränder, à 150 g)
1 EL **Erdnussöl**
400 g **dicke (chinesische) Eiernudeln**

DRESSING
185 ml **süße Chilisauce** (siehe S. 108)
1–2 EL **Fischsauce**
3 EL **Limettensaft**
1 EL **Weißweinessig**
1 Prise **Chiliflocken**

SALAT
2 **lange rote Chilischoten**, entkernt und in sehr feine Streifen geschnitten
1 Handvoll **Blätter vom Thai-Basilikum** (oder **Basilikumblätter**)
1 Handvoll **Minzeblätter**
1 Handvoll **Korianderblätter**
2 **Frühlingszwiebeln**, in dünne Ringe geschnitten

ZUM SERVIEREN
2 EL gehackte **geröstete Erdnüsse** (siehe S. 70)
2 EL **frittierte Schalotten** (siehe S. 15)

Steaks mit dem Öl einpinseln. Eine Grillpfanne bei mittlerer Hitze erwärmen, Steaks darin auf jeder Seite ca. 3 Minuten medium braten. 5 Minuten ruhen lassen und in dünne Streifen schneiden.

Nudeln zum Weichwerden mit heißem Wasser übergießen (oder nach Packungsanweisung zubereiten) und gut abtropfen lassen. In eine große Schüssel umfüllen und mit den Fingern voneinander trennen.

Alle Dressingzutaten gut verrühren. Salatzutaten vermengen, Steakstreifen zugeben und alles mit den Nudeln vermengen. So viel Dressing zugeben, dass alles gut benetzt ist, und den Salat vorsichtig mischen.

Zum Servieren den Salat auf Portionsteller verteilen, mit Erdnüssen und frittierten Schalotten bestreuen. Übriges Dressing dazureichen.

仙草蜜
信榮
天然清涼食品

Nudelsalat aus Zentralvietnam

4 Portionen

3 **Knoblauchzehen**, abgezogen
1 Stängel **Zitronengras** (nur der weiße Teil), fein gehackt
1 Prise **Salz**
1 Prise **frisch gemahlener schwarzer Pfeffer**
1/2 TL **gemahlener Sternanis**
1/2 TL **gemahlener Zimt**
2 EL **Puderzucker** (oder **sehr feiner Zucker**)
250 g **Schweinenacken**, in Scheiben geschnitten
1–2 EL **Fischsauce**
125 ml **Sojasauce**
3 EL **Pflanzenöl**

SALAT
250 g **getrocknete Reisnudeln** (am besten mit der Bezeichnung *Bun*)
1 Handvoll **Bohnensprossen**
1 Handvoll **Blätter vom Thai-Basilikum** (oder **Basilikumblätter**), in Streifen geschnitten
1 Handvoll **Minzeblätter**, in Streifen geschnitten
1 Handvoll **Korianderblätter**

ZUM SERVIEREN
2 EL **frittierte Schalotten** (siehe S. 15)
3 EL gehackte **geröstete Erdnüsse** (siehe S. 70)
Chiliessig (siehe S. 71)

Knoblauch, Zitronengras und Salz im Mörser zu einer dicken Paste stampfen. Pfeffer, Sternanis, Zimt und Zucker unterarbeiten. Fleischstreifen mit der Paste in eine Schüssel geben und so lange mischen, bis das Fleisch gleichmäßig überzogen ist. Fleisch abgedeckt im Kühlschrank über Nacht, mindestens aber 4 Stunden marinieren lassen.

Fisch- und Sojasauce mit 150 Milliliter Wasser vermischen. Öl im Wok so heiß werden lassen, dass es raucht, Fleisch darin 3 bis 4 Minuten rührbraten. Saucenmischung zufügen und alles ca. 6 Minuten köcheln lassen, bis das Fleisch gar ist. Fleisch in der Sauce abkühlen lassen.

Nudeln in einer Schüssel mit kochendem Wasser übergießen und 5 bis 7 Minuten weich werden lassen (oder nach Packungsanweisung zubereiten). Abgießen, kalt abschrecken und gut abtropfen lassen. Mit den restlichen Salatzutaten vermengen, etwas Fleischsauce zugeben und alles behutsam mischen.

Zum Servieren den Salat auf Portionsschalen aufteilen, Fleisch mit der restlichen Sauce daraufgeben. Mit frittierten Schalotten und Erdnüssen garnieren und den Chiliessig dazuservieren.

Glasnudelsalat mit Schweinefleisch, Minze und Ingwer 4 bis 6 Portionen

2 EL **Öl**
2 **Knoblauchzehen**, zerdrückt
500 g **Hackfleisch vom Schwein**

SALAT
150 g **fadendünne Mungobohnen-Glasnudeln (Vermicelli)**
1 Handvoll **Minzeblätter**, evtl. halbiert
1 Handvoll **Korianderblätter**
1 große **Frühlingszwiebel**, in dünne Ringe geschnitten
1 kleine **rote asiatische Schalotte** (oder 1/2 **rote Zwiebel**), in dünne Ringe geschnitten
2 EL in sehr feine Streifen geschnittener **frischer Ingwer**
4 EL gehackte **geröstete Erdnüsse** (siehe S. 70)
2 **Kaffir-Zitronenblätter**, in kleine Stückchen gerissen
1 **lange rote Chilischote**, entkernt und in sehr feine Streifen geschnitten

DRESSING
2 kleine **Vogelaugen-Chilis** (oder andere **rote Chilischoten**), in Ringe geschnitten
1/2 TL **Chiliflocken**
1 1/2–3 EL **Fischsauce**
1 1/2 TL **Puderzucker** (oder **sehr feiner Zucker**)
4 EL **Limettensaft**

ZUM SERVIEREN
große **Weißkohlblätter**

Öl im Wok so heiß werden lassen, dass es raucht. Knoblauch und Hackfleisch darin 3 bis 4 Minuten unter Rühren braten. 3 Esslöffel Wasser zufügen und das Fleisch in ca. 2 Minuten durchgaren. Von der Kochstelle nehmen und auf Zimmertemperatur abkühlen lassen.

Nudeln 5 Minuten in kochendem Wasser einweichen (oder nach Packungsanweisung zubereiten) und gut abtropfen lassen. Mit der Küchenschere in kürzere Stücke schneiden.

Alle Dressingzutaten so lange verrühren, bis der Zucker sich aufgelöst hat. Schweinefleisch und Nudeln mit den restlichen Salatzutaten vermengen, so viel Dressing zufügen, dass alles gut benetzt ist, und den Salat vorsichtig mischen. Zum Servieren Salat in eine große Schüssel umfüllen und Weißkohlblätter dazureichen.

萬

APPLE SIDRA
WITHOUT CHEMICAL INGREDIENTS
APPLE SIDRA
WITHOUT CHEMICAL INGREDIENTS

03 ASIA PFANNEN

Die Chinesen kennen den Begriff *wok hei* (»Atem des Woks«), der den wunderbaren Duft und das durch die Hitze versiegelte Aroma von Speisen meint, die im Wok auf den Punkt gegart wurden. Und genau das mag auch ich bei Gebratenem am liebsten: Farbe und Geschmack, ja der ganze Charakter der Zutaten wird durch die Hitze eingeschlossen, und der Wok lässt zusätzlich ein köstliches Raucharoma entstehen. Nudeln eignen sich bestens zum Braten im Wok, als Haupt- oder Nebenzutat, zusammen mit frischem Gemüse, Fisch, Meeresfrüchten oder Fleisch. Gewöhnlich muss man sie nur kurz einweichen oder kochen, bevor sie mit den anderen Zutaten in den Wok wandern. Ich verwende oft chinesische Weizennudeln mit Ei, die sehr fest und dick sind und somit viel Sauce aufnehmen können. Auch Reisnudeln mag ich gern, weil sie so weich und samtig sind und die Geschmacksnuancen der Sauce aufnehmen. Damit auch Sie den *wok hei* erleben können, müssen zuerst alle Zutaten vorbereitet und die Saucen angerührt sein. Lassen Sie den Wok richtig heiß werden und arbeiten Sie zügig: Wenn Sie mit dem Braten einmal angefangen haben, muss alles blitzschnell gehen!

APPLE SID
打西果蘋
不含化學色素
事業成敗之標準

GRUNDREZEPTE

Süße Chilisauce

3 **Knoblauchzehen**, abgezogen
3 **lange rote Chilischoten**
500 ml **Reisessig**
330 g **Zucker**
1 TL **Salz**

Knoblauch und Chilis im Mörser, mit dem Pürierstab oder im Mixer zu einer Paste verarbeiten.

Alle Zutaten mit 500 Milliliter Wasser in einem Topf zum Kochen bringen. Hitze reduzieren und die Sauce durch Köcheln auf die Hälfte reduzieren, bis sie leicht sirupartig ist. Von der Kochstelle nehmen und abkühlen lassen. Im Kühlschrank bis zu 1 Monat lang haltbar. Man kann die Sauce auch portionsweise einfrieren.

Ergibt ca. 750 ml

Scharfe Satay-Sauce

4 **Frühlingszwiebeln** (nur der weiße Teil), grob gehackt
2 EL **Pflanzenöl**
6 **Knoblauchzehen**, fein gehackt
2 EL fein gehacktes **Zitronengras**
1 EL **Chiliflocken**
1 EL **Sojasauce**
1 1/2 EL **Zucker**
1 TL **Salz**

Die gehackten Frühlingszwiebeln im Mixer oder mit dem Pürierstab zu einer Paste verarbeiten.

Das Öl im Wok sehr heiß werden lassen. Frühlingszwiebeln, Knoblauch und Zitronengras darin braten, bis sie duften. Von der Kochstelle nehmen, übrige Zutaten zufügen. Alles gut verrühren und abkühlen lassen. Bedeckt mit einer dünnen Schicht Öl in einem luftdicht verschlossenen Behälter bis zu 1 Woche im Kühlschrank haltbar.

Ergibt ca. 175 g

Chilimus

60 g **getrocknete Garnelen**
40 **getrocknete lange rote Chilischoten**
Pflanzenöl zum Frittieren
12 **rote asiatische Schalotten** (oder 6 **rote Zwiebeln**), längs in Scheiben geschnitten
20 **Knoblauchzehen**, längs in Scheiben geschnitten
3–4 EL **Fischsauce**
85 g zerstoßener **Palmzucker** (oder **weicher brauner Zucker**)
2 EL **Tamarindensaft** (siehe S. 14)

Die getrockneten Garnelen 10 bis 15 Minuten in heißem Wasser einweichen. Abgießen und vollständig trocknen. Von den Chilis Stiele und Kerne entfernen und die Schoten 10 Minuten in heißem Wasser einweichen. Abgießen, trocken tupfen und grob hacken.

Wok oder Fritteuse zu einem Drittel mit Öl füllen und das Öl auf 180 °C erhitzen. (Ein Brotwürfel bräunt darin in 15 Sekunden.) Schalotten, Knoblauch, gehackte Chilis und getrocknete Garnelen nacheinander goldgelb frittieren. (Vorsicht, dass nichts verbrennt!) Auf Küchenkrepp abtropfen lassen. Öl abkühlen lassen.

Schalotten, Knoblauch, Chilis und Garnelen mit 4 bis 5 Esslöffeln des abgekühlten Frittieröls im Mörser, mit dem Pürierstab oder im Mixer zu einer Paste verarbeiten.

Die Paste im heißen Wok zum Kochen bringen und mit Fischsauce, Zucker und Tamarindensaft würzen. Hitze reduzieren und alles unter regelmäßigem Rühren so lange köcheln, bis ein dickes Mus entstanden ist. Von der Kochstelle nehmen und abkühlen lassen. In einem luftdicht verschlossenen Behälter bis zu 3 Wochen im Kühlschrank haltbar.

Ergibt ca. 300 g

Gemüsebrühe

2 EL **Pflanzenöl**
2 Scheiben **frischer Ingwer**
2 **Knoblauchzehen**, zerdrückt
2 **Frühlingszwiebeln**, in 3 cm lange Stücke geschnitten
1 **Zwiebel**, grob gehackt
1 **Möhre**, grob gehackt
1 **Daikon-Rettich**, grob gehackt
2 Stangen **Staudensellerie**, grob gehackt

Das Öl in einem großen Topf erhitzen, Ingwer, Knoblauch und Gemüse zugeben und unter Rühren braten, bis sie duften. 3 Liter Wasser dazugießen und alles zum Kochen bringen. Die Hitze reduzieren und die Brühe 30 Minuten köcheln lassen. Abkühlen lassen und durch ein Sieb gießen. Im Kühlschrank 3 Tage lang haltbar. Kann auch in kleinen Portionen bis zu 6 Monate lang in der Tiefkühltruhe aufbewahrt werden.

Ergibt ca. 2,75 l

Gebratene Eiernudeln mit chinesischem Gemüse

2 bis 4 Portionen

200 g **dicke (chinesische) Eiernudeln**
3 EL **Pflanzenöl**
100 g **fester Tofu**, in Scheiben geschnitten
150 g **chinesischer Brokkoli (Gai Larn)** oder **Brokkoli**, in mundgerechte Stücke geschnitten
100 g **Choi Sum** (oder **Mangold**), in 5 cm lange Stücke geschnitten
150 g **Baby-Maiskolben**, zweimal schräg durchgeschnitten
3 EL **Gemüsebrühe** (siehe S. 109) oder **Wasser**
1 EL **Austernsauce**
1 EL **dunkle Sojasauce**
1 Handvoll **Bohnensprossen**

WÜRZPASTE
2 **getrocknete lange rote Chilischoten**
1 **Knoblauchzehe**, abgezogen
2 **rote asiatische Schalotten** (oder 1 **rote Zwiebel**), abgezogen
1 Prise **Salz**

ZUM SERVIEREN
1 Handvoll **Korianderblätter**
Limettenspalten

Für die Würzpaste die Kerne und Stiele der getrockneten Chilis entfernen und die Schoten 10 Minuten in heißem Wasser einweichen. Abtropfen lassen und grob hacken. Chilis, Knoblauch, Schalotten und Salz im Mörser zu einer Paste verarbeiten.

Die Eiernudeln mit warmem Wasser abspülen, um sie zu trennen, (oder nach Packungsanweisung zubereiten) und abtropfen lassen.

Das Öl im heißen Wok erhitzen und die Paste braten, bis sie duftet. Tofu darin 1 Minute unter Rühren braten. Nudeln, grünes Gemüse und Mais zugeben und alles 2 Minuten rührbraten. Brühe, Austernsauce, Sojasauce und Bohnensprossen zugeben und alles noch 1 Minute rührbraten.

Das Gericht auf Portionsteller aufteilen. Mit Koriander garnieren und mit Limettenspalten servieren.

TIPP Ohne Austernsauce für Vegetarier geeignet.

Gebratene Eiernudeln mit Entenbrust

2 bis 4 Portionen

300 g **dicke (chinesische) Eiernudeln**
3 **Entenbrüste mit Haut** (à 200 g)
3 EL **Pflanzenöl**
2 **Knoblauchzehen**, zerdrückt
150 g **Baby-Pak Choi**, längs geviertelt,
(oder 150 g **Mangold**, Blätter in Streifen geschnitten)
1 1/2 EL **Austernsauce**
1 1/2 El **helle Sojasauce**
1 Prise **Salz**
1 Prise **weißer Pfeffer**

ZUM SERVIEREN
1 kleine Handvoll **Bohnensprossen**
1 **Frühlingszwiebel**, schräg in dünne Ringe geschnitten

Die Eiernudeln mit warmem Wasser abspülen, um sie zu trennen, (oder nach Packungsanweisung zubereiten) und abtropfen lassen. Entenbrüste waschen und trocken tupfen, die Haut diagonal einschneiden. Brüste mit der Haut nach unten bei mittlerer Hitze ohne Fett in der Pfanne anbraten. Nach 5 Minuten wenden und in ca. 25 Minuten bei niedriger Hitze vollständig durchgaren. 5 Minuten ruhen lassen, in dünne Scheiben schneiden und beiseitestellen.

Öl im heißen Wok erhitzen. Den Knoblauch darin 20 bis 30 Sekunden unter Rühren braten, bis er duftet. Dann die Nudeln zugeben und 1 Minute rührbraten, bis sie etwas weich geworden sind. Entenstreifen und Pak Choi zugeben, weitere 1 bis 2 Minuten rührbraten. Austernsauce, Sojasauce, Salz, weißen Pfeffer und 3 Esslöffel Wasser zugeben und noch 1 Minute rührbraten, bis die Nudeln die Flüssigkeit fast ganz aufgenommen haben.

Zum Servieren die Nudeln in eine große Schüssel häufen, Bohnensprossen darauflegen und mit Frühlingszwiebel garnieren.

Rindfleisch-Nudeln Chow Mein

2 bis 4 Portionen

150 g **Rump- oder Lendensteak**, in dünne Streifen geschnitten
150 g **(chinesische) Eiernudeln** (schmale Bandnudeln)
2 EL **Pflanzenöl**
1 **Zwiebel**, in dünne Ringe geschnitten
1 kleine **rote Paprikaschote**, in sehr feine Streifen geschnitten
20 g gehobelter **Chinakohl**
1 Handvoll **Bohnensprossen**

SAUCE
1 EL **Shao Xing-Reiswein** (oder **trockener Sherry**)
1 EL **helle Sojasauce**
1 EL **dunkle Sojasauce**
1 Prise **Zucker**
1 Prise **Salz**

MARINADE
1 **Knoblauchzehe**, fein gehackt
1/2 TL **Sesamöl**
1 TL **helle Sojasauce**
1 Prise **frisch gemahlener schwarzer Pfeffer**

ZUM SERVIEREN
2 **Frühlingszwiebeln**, schräg in dünne Ringe geschnitten

Die Marinadezutaten in einer Schüssel gut mischen. Steakstreifen in die Marinade geben und wenden, so dass sie gut von Marinade überzogen sind. Im Kühlschrank 30 Minuten lang marinieren lassen.

Nudeln 20 Minuten in warmem Wasser einweichen (oder nach Packungsanweisung bissfest kochen) und gut abtropfen lassen. Alle Saucenzutaten vermischen und beiseitestellen.

Das Öl im Wok sehr heiß werden lassen. Das Rindfleisch darin 2 Minuten lang unter Rühren braten. Zwiebel, Paprika und Chinakohl zugeben und noch 2 bis 3 Minuten rührbraten, bis die Gemüse gegart, aber noch bissfest sind. Nudeln und Bohnensprossen zugeben, die Sauce hineingießen und weitere 1 bis 2 Minuten rührbraten.

Zum Servieren Nudeln und Rindfleisch auf eine Platte häufen und mit Frühlingszwiebeln garnieren.

Knusprige Nudeln mit Gemüse

2 bis 4 Portionen

Pflanzenöl zum Frittieren
200 g **dünne (chinesische) Eiernudeln** (zum Frittieren geeignet)
1 **Knoblauchzehe**, zerdrückt
150 g **grüner Spargel**, schräg in 2 cm lange Stücke geschnitten
2 **Baby-Pak Choi**, längs geviertelt, (oder 150 g **Mangold**, Blätter in Streifen geschnitten)
150 g **Zuckerschoten (Mangetout)**, schräg halbiert
4 große **Austernpilze**, grob zerpflückt
150 g **Baby-Maiskolben**, schräg halbiert
125 ml **Gemüsebrühe** oder **Wasser**
3 EL **Shao Xing-Reiswein** (oder **trockener Sherry**)
1 EL **helle Sojasauce**
1 EL **dunkle Sojasauce**
2 TL **Zucker**
1/2 TL **Sesamöl**
1 TL **Salz**
1 EL **Stärkemehl** (am besten Maisstärke)

ZUM SERVIEREN
Korianderblätter (nach Belieben)
1 Prise **weißer Pfeffer**

Wok oder Fritteuse zu einem Drittel mit Öl füllen und auf 180 °C erhitzen. (Ein Brotwürfel bräunt darin in 15 Sekunden.) Eiernudeln vorsichtig hineingeben und 20 bis 30 Sekunden (oder nach Packungsanweisung) frittieren, bis sie knusprig aufgegangen und golden sind. Auf Küchenkrepp abtropfen lassen und warm stellen. 1 Esslöffel des Frittieröls zurückbehalten.

Das zurückbehaltene Öl in einem sauberen Wok erhitzen. Den Knoblauch darin 20 bis 30 Sekunden unter Rühren braten, bis er duftet. Alle Gemüse zugeben und noch 2 bis 3 Minuten rührbraten, bis die Gemüse gegart, aber noch bissfest sind. Auf eine angewärmte Platte umfüllen.

Brühe, Wein, Sojasaucen, Zucker, Sesamöl und Salz im gereinigten Wok zum Kochen bringen. Stärkemehl mit 1 Esslöffel Wasser verrühren. Gemüse wieder in den Wok geben, die Stärkemehlmischung darübergießen und so lange behutsam rühren, bis die Sauce andickt. Zum Servieren die knusprigen Nudeln auf einer Platte anrichten und die Gemüse darauflegen. Nach Belieben mit Koriander garnieren und mit weißem Pfeffer bestreuen.

Reisnudeln Pad Thai mit Ei und frittiertem Tofu

1 bis 2 Portionen

150 g **getrocknete Reisnudeln** (dünne Bandnudeln)
1 EL **getrocknete Garnelen**
Pflanzenöl zum Frittieren
50 g **fester Tofu**, in dünne, 2 cm lange Streifen geschnitten
1/4 **Zwiebel**, in dünne Ringe geschnitten
2 **Eier**, leicht verschlagen
1 große Handvoll **Bohnensprossen**
25 g **Schnittknoblauch** (oder **Schnittlauch**), in 2 cm lange Stücke geschnitten

SAUCE
1–1 1/2 EL **Fischsauce**
1 EL zerstoßener **Palmzucker** (oder **weicher brauner Zucker**)
1 EL **Tamarindensaft** (siehe S. 14)
1/2–1 EL **Austernsauce**

ZUM SERVIEREN
1 EL gehackte **geröstete Erdnüsse** (siehe S. 70)
Limettenspalten

Nudeln 30 Minuten in kaltem Wasser einweichen (oder nach Packungsanweisung bissfest zubereiten). Abtropfen lassen. Die getrockneten Garnelen 10 bis 15 Minuten in heißem Wasser einweichen. Abtropfen lassen und hacken. Alle Saucenzutaten in einem kleinen Topf bei niedriger Hitze zum Köcheln bringen und so lange rühren, bis der Zucker sich aufgelöst hat.

Wok oder Fritteuse zu einem Drittel mit Öl füllen und auf 180 °C erhitzen. (Ein Brotwürfel bräunt darin in 15 Sekunden.) Tofu 1 Minute lang goldgelb frittieren und auf Küchenkrepp abtropfen lassen. 1 Esslöffel des Frittieröls zurückbehalten.

Das zurückbehaltene Öl im heißen sauberen Wok erhitzen. Die Zwiebel darin 1 Minute lang unter Rühren braten, bis sie duftet. Das verschlagene Ei einrühren, Tofu, Garnelen und Nudeln zugeben und 1 Minute rührbraten. Sauce hineingießen, alles 30 Sekunden köcheln lassen. Bohnensprossen und Schnittknoblauch unterheben und noch 30 Sekunden rührbraten.

Zum Servieren die Nudeln auf eine Platte häufen und mit gerösteten Erdnüssen bestreuen. Dazu Limettenspalten reichen.

Eiernudeln mit Rindfleisch und Gemüse 2 Portionen

2 **getrocknete Shiitake-Pilze**
150 g **(chinesische) Eiernudeln** (schmale Bandnudeln)
150 g **Rumpsteak**, in dünne Streifen geschnitten
2 EL **Pflanzenöl**
1 **Knoblauchzehe**, fein gehackt
1 TL fein geriebener **frischer Ingwer**
50 g **Chinakohl**, in dünne Streifen geschnitten
1/2 **Möhre**, in sehr feine Streifen geschnitten
1 Handvoll **Bohnensprossen**
25 g (1/4 Bund) **Schnittknoblauch** (oder **Schnittlauch**), in 3 cm lange Stücke geschnitten

MARINADE
1 EL **Shao Xing-Reiswein** (oder **trockener Sherry**)
1 Prise **Salz**
1 Prise **frisch gemahlener schwarzer Pfeffer**

SAUCE
2 EL **Hühnerbrühe** (siehe S. 14) oder **Wasser**
1 EL **helle Sojasauce**
1–1 1/2 EL **Austernsauce**
1/2 TL **Sesamöl**
1 Prise **frisch gemahlener schwarzer Pfeffer**

ZUM SERVIEREN
1 kleine Handvoll **Korianderblätter**

Die Pilze in heißem Wasser weich werden lassen. Abtropfen lassen, Stiele entfernen, Kappen in dünne Streifen schneiden. Nudeln 20 Minuten in warmem Wasser einweichen (oder nach Packungsanweisung zubereiten), gut abtropfen lassen.

Marinadezutaten in einer Schüssel mischen. Rindfleischstreifen in die Marinade legen und so lange wenden, bis sie ganz überzogen sind. Saucenzutaten vermischen, Sauce beiseitestellen.

Öl im Wok sehr heiß werden lassen. Rindfleisch mit der Marinade darin 1 Minute unter Rühren braten. Knoblauch und Ingwer zugeben und noch 20 bis 30 Sekunden rührbraten, bis alles duftet.

Pilze, Kohl und Möhre zugeben und alles garen, bis der Kohl welk auszusehen beginnt. Nudeln und Bohnensprossen zugeben und noch 1 Minute rührbraten. Die Sauce hineingießen und alles ca. 2 Minuten garen, bis die Nudeln die Flüssigkeit fast ganz aufgenommen haben. Schnittknoblauch unterheben.

Zum Servieren das Nudelgericht auf eine Platte häufen und mit Koriander garnieren.

Gebratene Reisnudeln mit Gemüse

2 bis 4 Portionen

3 EL **Pflanzenöl**
250 g **Reisnudeln** (1 cm breit)
1 EL **Austernsauce**
2 EL **dunkle Sojasauce**
1 **Knoblauchzehe**, zerdrückt
1 TL geriebener **frischer Ingwer**
150 g **chinesischer Brokkoli (Gai Larn)** oder **Brokkoli**, in mundgerechte Stücke geschnitten
125 g **Zuckerschoten (Mangetout)**, schräg halbiert
150 g **Baby-Maiskolben**, längs halbiert
1 EL **Stärkemehl** (am besten Maisstärke)
1 EL **helle Sojasauce**
1 Prise **Salz**

ZUM SERVIEREN
1 kleine Handvoll **Korianderblätter**
1 Prise **weißer Pfeffer**
Sojasauce

Reisnudeln zum Weichwerden mit kochendem Wasser übergießen (oder nach Packungsanweisung bissfest garen). Abgießen, abschrecken und gut abtropfen lassen. 2 Esslöffel des Öls im Wok erhitzen. Nudeln darin ca. 1 Minute unter Rühren braten. Austernsauce und 1 Esslöffel der dunklen Sojasauce zugeben und noch 30 Sekunden rührbraten. Nudeln aus dem Wok nehmen und warmstellen.

Den restlichen Esslöffel Öl im heißem Wok erhitzen. Knoblauch und Ingwer darin 20 bis 30 Sekunden rührbraten, bis sie duften. Brokkoli, Zuckerschoten, Baby-Mais und 125 Milliliter Wasser zugeben und alles zum Kochen bringen.

Stärkemehl mit 1 Esslöffel Wasser verquirlen. Wenn die Flüssigkeit im Wok kocht, helle Sojasauce, den übrigen Esslöffel dunkle Sojasauce und Salz zugeben. Langsam die Stärkemehlmischung zufügen und so lange rühren, bis die Sauce andickt.

Zum Servieren die warmen Nudeln in eine flache Schale geben. Die Gemüse darauflegen, alles mit Koriander und weißem Pfeffer bestreuen. Dazu Sojasauce reichen.

TIPP Ohne Austernsauce für Vegetarier geeignet.

Eiernudel-Combo mit Huhn, Garnelen und Schweinefleisch

2 bis 4 Portionen

180 g **dünne (chinesische) Eiernudeln**
2 EL **Pflanzenöl**
80 g **Hühnerbrust** (ohne Haut und Knochen), in dünne Scheiben geschnitten
1 **Knoblauchzehe**, fein gehackt
8 **rohe Garnelen (Shrimps)**, geschält und ohne Darm, Schwänze ungeschält
100 g **Baby-Pak Choi**, längs geviertelt, (oder 100 g **Mangold**, Blätter in Streifen geschnitten)
80 g **gegrilltes Schweinefleisch** (am besten **Char Siu**, siehe Tipp S. 42), in dünne Streifen geschnitten
1 kleine **Möhre**, in sehr feine Streifen geschnitten
3 **Frühlingszwiebeln**, in 3 cm lange Stücke geschnitten
1 Handvoll **Bohnensprossen**
1 kleine Handvoll **Korianderblätter**

SAUCE
1 1/2–2 1/2 EL **Austernsauce**
1 Prise **frisch gemahlener schwarzer Pfeffer**

Die Nudeln 20 Minuten in warmem Wasser einweichen (oder nach Packungsanweisung bissfest zubereiten) und gut abtropfen lassen. Saucenzutaten mit 2 Esslöffeln Wasser verrühren und Sauce beiseitestellen.

Öl im Wok so heiß werden lassen, dass es raucht. Hähnchen und Knoblauch darin 1 Minute unter Rühren braten. Garnelen zugeben und weitere 2 bis 3 Minuten rührbraten, bis Hühnerfleisch und Garnelen fast gar sind. Pak Choi, Schweinefleisch, Möhre, Frühlingszwiebeln und 3 Esslöffel Wasser zugeben. Alles 2 Minuten schmoren, bis der Pak Choi gar ist. Nudeln, Bohnensprossen und Sauce zugeben. Mit Salz würzen und alles noch 2 Minuten lang garen. Das Gericht mit Koriander bestreut servieren.

Hähnchen-Eiernudeln mit Teriyaki-Sauce

2 bis 4 Portionen

250 g **Hühnerbrust** (ohne Haut und Knochen), in dünne Scheiben geschnitten
2 EL **Teriyaki-Sauce**
250 g **dünne (chinesische) Eiernudeln**
70 g **Weißkohlblätter**, in 3 cm lange Streifen geschnitten
1 kleine **Möhre**, in sehr feine Streifen geschnitten
3 EL **Pflanzenöl**
1/2 **Zwiebel**, in dünne Ringe geschnitten
2 **Knoblauchzehen**, fein gehackt
1 Handvoll **Bohnensprossen**
2 **Frühlingszwiebeln**, in 3 cm lange Stücke geschnitten
1 Handvoll **Korianderblätter**

SAUCE
4 EL **Teriyaki-Sauce**
1 EL **helle Sojasauce**
1 Prise **frisch gemahlener schwarzer Pfeffer**

Das Hühnerfleisch in der Teriyaki-Sauce wenden, so dass es gut überzogen ist, und im Kühlschrank marinieren lassen.

Die Nudeln 20 Minuten in warmem Wasser weich werden lassen (oder nach Packungsanweisung bissfest zubereiten). Gut abtropfen lassen. Kohl und Möhre 1 Minute in kochendem Wasser blanchieren, kalt abschrecken und gut abtropfen lassen.

Die Saucenzutaten mit 3 Esslöffeln Wasser mischen und beiseitestellen.

Öl im Wok so heiß werden lassen, dass es raucht. Zwiebel, Knoblauch und Hähnchen darin 3 bis 4 Minuten unter Rühren braten, bis das Hühnerfleisch fast gar ist. Sauce hineingießen, Nudeln, Kohl, Möhre und Bohnensprossen zugeben und alles kochen, bis die Sauce reduziert ist. Frühlingszwiebeln untermischen. Mit Koriander bestreut servieren.

Jakobsmuscheln mit Eiernudeln und chinesischem Brokkoli

2 bis 4 Portionen

200 g **(chinesische) Eiernudeln** (schmale Bandnudeln)
300 g **chinesischer Brokkoli (Gai Larn)** oder **Brokkoli**, in mundgerechte Stücke geschnitten, dicke Stiele längs halbiert
3 EL **Pflanzenöl**
12 **Jakobsmuscheln** (ohne Rogen)
2 **Knoblauchzehen**, fein gehackt

SAUCE
1 TL **Sesamöl**
1–2 EL **helle Sojasauce**
1–2 EL **Austernsauce**
1/2 TL **Zucker**
1 Prise **frisch gemahlener schwarzer Pfeffer**

ZUM SERVIEREN
1 **lange rote Chilischote**, entkernt und in Streifen geschnitten
2 **Frühlingszwiebeln**, schräg in dünne Ringe geschnitten
1 kleine Handvoll **Korianderblätter**

Nudeln 20 Minuten lang in warmem Wasser weich werden lassen (oder nach Packungsanweisung bissfest zubereiten) und gut abtropfen lassen. Den Brokkoli 1 Minute lang in kochendem Wasser blanchieren, kalt abschrecken und gut abtropfen lassen.

1 Esslöffel des Öls in einem Wok so heiß werden lassen, dass es raucht. Jakobsmuscheln darin portionsweise auf jeder Seite 1 Minute braten. Auf Küchenkrepp abtrocknen lassen.

Die Saucenzutaten so lange mit 4 Esslöffeln Wasser verrühren, bis der Zucker sich aufgelöst hat.

Die restlichen 2 Esslöffel Öl im Wok sehr heiß werden lassen, bis es raucht. Knoblauch darin braten, bis er duftet. Nudeln und Brokkoli zugeben und 1 Minute braten. Sauce und Jakobsmuscheln zugeben und alles so lange garen, bis die Flüssigkeit fast ganz aufgenommen ist. Nudelgericht auf eine große Platte oder Portionsteller umfüllen und mit Chili, Frühlingszwiebeln und Koriander garnieren.

Hähnchen mit Reisnudeln und süßer Chilisauce 2 bis 4 Portionen

150 g **getrocknete dünne Reisnudeln (Rice Sticks)**
2 EL **Öl**
250 g **Hühnerbrust** (ohne Haut und Knochen), in dünne Scheiben geschnitten
1 **Zwiebel**, in dünne Ringe geschnitten
1 **Knoblauchzehe**, fein gehackt
100 g **Brokkoli**, in mundgerechte Stücke zerteilt
80 g **Zuckerschoten (Mangetout)**, in sehr feine Streifen geschnitten
1 Handvoll **Bohnensprossen**

SAUCE
4 EL **süße Chilisauce** (siehe S. 108)
2–3 EL **Austernsauce**

ZUM SERVIEREN
2 **Frühlingszwiebeln**, in dünne Ringe geschnitten
1 kleine Handvoll **Korianderblätter**

Reisnudeln 30 Minuten in kaltem Wasser einweichen (oder nach Packungsanweisung bissfest zubereiten) und gut abtropfen lassen. Saucenzutaten mit 2 Esslöffeln Wasser vermischen und beiseitestellen.

Öl im Wok so heiß werden lassen, dass es raucht. Hähnchen, Zwiebel und Knoblauch darin 2 bis 3 Minuten unter Rühren braten, bis das Hähnchen fast gar ist. Brokkoli, Zuckerschoten und 2 Esslöffel Wasser zufügen und alles 2 Minuten garen. Nudeln und Bohnensprossen untermischen, Sauce darübergießen und weitere 2 Minuten rührbraten, bis die Nudeln die Sauce fast ganz aufgenommen haben.

Zum Servieren Nudeln auf Portionsschalen verteilen oder auf eine Servierplatte häufen und mit Frühlingszwiebeln und Koriander garnieren.

Pikante Eiernudeln mit Rindfleisch

2 bis 4 Portionen

150 g **Rump-** oder **Lendensteak**, in feine Streifen geschnitten
1 **Knoblauchzehe**, fein gehackt
1 kleine **Zwiebel**, in dünne Ringe geschnitten
2 EL **Pflanzenöl**
200 g **dicke (chinesische) Eiernudeln**
75 g **Weißkohl**, in dünne Streifen geschnitten
1 kleine **Möhre**, in sehr feine Streifen geschnitten
2 **Frühlingszwiebeln**, in dünne Ringe geschnitten
40 g **grüne Bohnen**, schräg in dünne Streifen geschnitten
1 **Tomate**, geachtelt

SAUCE
2 TL **scharfe Satay-Sauce** (siehe S. 108)
1–1 1/2 TL **Austernsauce**

ZUM SERVIEREN
1 kleine Handvoll **Korianderblätter**
1 **lange rote Chilischote**, entkernt und in Streifen geschnitten

Steakstreifen mit Knoblauch, Zwiebel und 1 Esslöffel Öl vermengen. 15 bis 20 Minuten im Kühlschrank marinieren lassen.

Eiernudeln unter warmem Wasser spülen, um sie zu trennen, (oder nach Packungsanweisung bissfest zubereiten) und gut abtropfen lassen. Saucenzutaten mit 4 Esslöffeln Wasser verrühren und beiseitestellen.

Den restlichen Esslöffel Öl im Wok so heiß werden lassen, dass es raucht. Rindfleisch mit Marinade darin 1 bis 2 Minuten unter Rühren braten, so dass das Fleisch halb gar ist. Kohl, Möhre, Frühlingszwiebeln, Bohnen und Tomate zugeben und alles 3 bis 4 Minuten rührbraten. Sauce darübergießen, Nudeln unterheben und so lange weiter rührbraten, bis die Nudeln die Sauce fast ganz aufgenommen haben.

Zum Servieren die Nudeln in eine Schüssel häufen und mit Koriander und Chilis bestreuen.

Reisnudel-Pfannkuchen mit Garnelen und Gemüse

2 bis 4 Portionen

150 g **fadendünne Reisnudeln (Vermicelli)**
100 ml **Pflanzenöl**
1 **Knoblauchzehe**, fein gehackt
10 **rohe Riesengarnelen (King Prawns)**, geschält und ohne Darm
1/2 TL fein geriebener **frischer Ingwer**
4 **Baby-Maiskolben**, längs halbiert
1/2 **Möhre**, schräg in dünne Scheiben geschnitten
40 g **Brokkoli**, in mundgerechte Stücke geschnitten
2 **Frühlingszwiebeln**, in 3 cm lange Stücke geschnitten
1 kleine Handvoll **Bohnensprossen**

SAUCE
100 ml **Hühnerbrühe** (siehe S. 14)
2 EL **Austernsauce**
1 TL **helle Sojasauce**
1 Prise **Zucker**
1 Prise **frisch gemahlener schwarzer Pfeffer**
1/2 TL **Stärkemehl** (am besten Maisstärke)

Reisnudeln 30 Minuten in kaltem Wasser einweichen (oder nach Packungsanweisung zubereiten) und gut abtropfen lassen. Alle Saucenzutaten gut verrühren und Sauce beiseitestellen.

3 Esslöffel des Öls in einer antihaftbeschichteten Pfanne bei mittlerer Hitze erwärmen. Nudeln dazugeben und zu einem Pfannkuchen mit ca. 25 Zentimeter Durchmesser formen. Diesen ca. 6 Minuten backen, bis die Unterseite goldgelb und knusprig ist. Wenden und auf der anderen Seite 3 bis 4 Minuten goldgelb backen. Von der Kochstelle nehmen und beiseitestellen.

Das restliche Öl im Wok erhitzen, Knoblauch darin 20 bis 30 Sekunden unter Rühren braten, bis er duftet. Garnelen und Ingwer zugeben und weitere 1 bis 2 Minuten rührbraten, bis die Garnelen rosa werden. Baby-Maiskolben, Möhre, Brokkoli und Frühlingszwiebeln zugeben und alles 2 Minuten rührbraten. Bohnensprossen untermischen, Sauce darübergießen und alles so lange garen, bis die Sauce andickt.

Zum Servieren den Reisnudel-Pfannkuchen achteln. Auf Portionsteller jeweils ein Pfannkuchenachtel legen, mit Gemüse-Garnelen-Mischung bedecken und ein weiteres Achtel darauflegen.

Eiernudeln mit Meeresfrüchten und Chilimus 2 Portionen

1 **Tintenfischbeutel**
200 g **dicke (chinesische) Eiernudeln**
2 EL **Pflanzenöl**
4 **rohe Riesengarnelen (King Prawns)**, geschält und ohne Darm, Schwänze ungeschält
8 **Jakobsmuscheln** (ohne Rogen)
75 g gehobelter **Weißkohl**
3 **Frühlingszwiebeln**, in 3 cm lange Stücke geschnitten
4 EL **Hühnerbrühe** (siehe S. 14)
2 EL **Chilimus** (siehe S. 109)
1 EL **dunkle Sojasauce**
1 Handvoll **Bohnensprossen**

ZUM SERVIEREN
1 Handvoll **Korianderblätter**
Limettenspalten

Den Tintenfischbeutel aufschneiden und die gallertartige Substanz darin gründlich abwaschen. Auf der Innenseite mit dem Messer auf der Oberfläche vorsichtig ein feines Gittermuster einritzen. Dann den Beutel in 1x2 Zentimeter große Rechtecke schneiden. Nudeln unter warmem Wasser spülen, um sie zu trennen, (oder nach Packungsanweisung zubereiten) und gut abtropfen lassen.

Öl im Wok so heiß werden lassen, dass es raucht. Garnelen, Muscheln und Tintenfisch darin 2 Minuten unter Rühren braten, bis die Meeresfrüchte fast gar sind. (Vorsicht: Brät man den Tintenfisch zu lange, wird er zäh!) Kohl, Frühlingszwiebeln und Nudeln unterheben und weitere 2 Minuten rührbraten. Brühe, Chilimus, Sojasauce und Bohnensprossen zugeben und noch einmal 2 Minuten rührbraten.

Die Nudeln auf Servierschalen aufteilen und mit Koriander bestreuen. Mit Limettenspalten servieren.

Reisnudeln mit Honig-Ingwer-Huhn

2 Portionen

3 EL **Pflanzenöl**
1/4 **Zwiebel**, in Scheiben geschnitten
1 **Knoblauchzehe**, fein gehackt
200 g **Hähnchenschenkel** (ohne Haut und Knochen), in dünne Streifen geschnitten
2 **Frühlingszwiebeln**, in 3 cm lange Stücke geschnitten
5 cm **frischer Ingwer**, in sehr feine Streifen geschnitten
1 TL **Fischsauce** (nach Belieben)
1 1/2 EL **helle Sojasauce**
1 EL **Honig**
1 Prise **Fünf-Gewürze-Pulver**
3 EL **Hühnerbrühe** (siehe S. 14)
1 **lange rote Chilischote**, entkernt und in sehr feine Streifen geschnitten
250 g **Reisnudeln** (2 cm breit)

ZUM SERVIEREN
1 kleine Handvoll **Korianderblätter**
1 Prise **frisch gemahlener schwarzer Pfeffer**
50 g **geröstete Cashewkerne**, grob gehackt (siehe S. 70)

Nudeln zum Weichwerden mit kochendem Wasser übergießen (oder nach Packungsanweisung bissfest zubereiten). Abgießen, abschrecken und gut abtropfen lassen. 2 Esslöffel des Öls im Wok bei starker Hitze sehr heiß werden lassen. Zwiebel und Knoblauch darin unter Rühren braten, bis sie duften. Hühnerfleisch zufügen und weitere 2 Minuten rührbraten. Frühlingszwiebeln und Ingwer zugeben und alles 1 Minute braten. Auf mittlere Hitze reduzieren, Fischsauce (falls gewünscht), Sojasauce, Honig, Fünf-Gewürze-Pulver, Brühe und Chili zugeben. Alles noch 2 Minuten schmoren, bis das Hühnerfleisch gar ist. Von der Kochstelle nehmen und beiseitestellen.

Wok reinigen und den restlichen Esslöffel Öl so heiß werden lassen, dass es raucht. Reisnudeln darin 1 bis 2 Minuten unter Rühren braten, bis sie gut gebräunt, aber nicht verbrannt sind. Hähnchenmischung wieder in den Wok geben und alles gut mischen.

Nudel-Hähnchen-Mischung in eine Servierschüssel umfüllen. Mit Koriander, Pfeffer und Cashewkernen bestreuen.

Reisnudeln mit Huhn, Meeresfrüchten und Schweinefleisch

2 bis 4 Portionen

2 EL **Pflanzenöl**
1/4 **Zwiebel**, in dünne Ringe geschnitten
2 **Knoblauchzehen**, fein gehackt
50 g **Hühnerbrust** (ohne Haut und Knochen), in dünne Streifen geschnitten
4 **rohe Riesengarnelen (King Prawns)**, geschält und ohne Darm, Schwänze ungeschält
2 **Fischküchlein** (Fertigprodukt), in Scheiben geschnitten
50 g **gegrilltes Schweinefleisch** (am besten **Char Siu**, siehe Tipp S. 42), in dünne Streifen geschnitten
2 **Eier**, leicht verschlagen
250 g **Reisnudeln** (1 cm breit)
1 **Frühlingszwiebel**, in dünne Ringe geschnitten
1 Handvoll **Bohnensprossen**

SAUCE
1 EL **helle Sojasauce**
1/2 EL **Austernsauce**
1 EL **dunkle Sojasauce**
1 Prise **weißer Pfeffer**

ZUM SERVIEREN
1 kleine Handvoll **Korianderblätter**

Nudeln zum Weichwerden mit kochendem Wasser übergießen (oder nach Packungsanweisung bissfest zubereiten). Abgießen, abschrecken und gut abtropfen lassen. Alle Saucenzutaten mischen und beiseitestellen.

Öl im Wok sehr heiß werden lassen. Zwiebel und Knoblauch darin braten, bis sie duften. Hähnchen und Garnelen zufügen und 2 Minuten braten, bis sie fast gar sind. Fischküchlein und Schweinefleisch untermengen und noch 30 Sekunden rührbraten.

Das Ei hineingießen, Nudeln zugeben. Alles 1 bis 2 Minuten rührbraten, bis die Nudeln weich und die Eier gestockt sind. Frühlingszwiebel, Bohnensprossen und Sauce hineingeben und noch 1 Minute rührbraten. Zum Servieren das Nudelgericht in eine Servierschale umfüllen und mit Koriander bestreuen.

TIPP Fertige Fischküchlein finden sich im Kühlregal gut sortierter Asia-Feinkostläden. Wenn Sie keine bekommen, stattdessen die doppelte Menge Riesengarnelen verwenden.

Reisnudeln mit Rindfleisch und schwarzer Bohnenpaste 2 Portionen

150 g **Rump-** oder **Lendensteak**,
in dünne Streifen geschnitten
3 EL **Pflanzenöl**
1/2 kleine **Zwiebel**, in dünne Ringe geschnitten
1 **Knoblauchzehe**, fein gehackt
1 EL **schwarze Bohnenpaste**
2 EL **helle Sojasauce**
8 **Zuckerschoten (Mangetout)**,
in sehr feine Streifen geschnitten
6 **Baby-Maiskolben**, längs halbiert
3 EL **Hühnerbrühe** (siehe S. 14)
250 g **Reisnudeln** (1 cm breit)

MARINADE
1 EL **dunkle Sojasauce**
1 TL **Shao Xing-Reiswein** (oder **trockener Sherry**)
1 Prise **Zucker**
1 Prise **frisch gemahlener schwarzer Pfeffer**

ZUM SERVIEREN
1 **Frühlingszwiebel**, in dünne Ringe geschnitten
1 kleine Handvoll **Korianderblätter**

Nudeln zum Weichwerden mit kochendem Wasser übergießen (oder nach Packungsanweisung bissfest zubereiten). Abgießen, abschrecken und gut abtropfen lassen. Marinadezutaten in einer Schüssel verrühren, bis der Zucker sich aufgelöst hat. Fleisch darin so lange wenden, bis es gut von Marinade überzogen ist. Im Kühlschrank 15 bis 20 Minuten marinieren lassen.

Öl im Wok sehr heiß werden lassen. Zwiebel und Knoblauch darin unter Rühren braten, bis sie duften. Steakstreifen zugeben und 1 Minute lang garen. Bohnenpaste, Sojasauce, Zuckerschoten, Mais und Brühe zugeben und noch 1 bis 2 Minuten rührbraten. Nudeln unterheben und so lange rührbraten, bis die Flüssigkeit fast ganz aufgenommen ist.

Zum Servieren die Nudeln auf eine Platte häufen und mit Frühlingszwiebel und Koriander garnieren.

Nudelpfanne Singapur

2 bis 4 Portionen

150 g **fadendünne Reisnudeln (Vermicelli)**
2 EL **Pflanzenöl**
1 **Knoblauchzehe**, fein gehackt
50 g **Hühnerbrust** (ohne Haut und Knochen), in dünne Streifen geschnitten
8 **rohe Garnelen (Shrimps)**, geschält und ohne Darm, Schwänze ungeschält
1 große **Frühlingszwiebel**, in 3 cm lange Stücke geschnitten
50 g **gegrilltes Schweinefleisch** (am besten **Char Siu**, siehe Tipp S. 42), in dünne Streifen geschnitten
1/2 kleine **Zwiebel**, in dünne Ringe geschnitten
1 **lange rote Chilischote**, entkernt und in feine Streifen geschnitten
1 Prise **Salz**
1 Prise **Zucker**
1–2 TL **Austernsauce**
2 TL **mildes Currypulver**
1 Handvoll **Bohnensprossen**

ZUM SERVIEREN
1 kleine Handvoll **Korianderblätter**
1 TL **geröstete Sesamsamen** (siehe S. 70)

Die Nudeln 30 Minuten in kaltem Wasser einweichen (oder nach Packungsanweisung bissfest zubereiten). Gut abtropfen lassen.

1 Esslöffel des Öls im Wok erhitzen, Knoblauch darin unter Rühren braten, bis er duftet. Hühnerfleisch, Garnelen und Frühlingszwiebel zugeben und 1 bis 2 Minuten rührbraten, bis Fleisch und Garnelen fast gar sind. Schweinefleisch zugeben und noch 1 Minute rührbraten. Gericht von der Kochstelle nehmen, in ein anderes Gefäß umfüllen und beiseite stellen.

Den gereinigten Wok sehr heiß werden lassen. Den restlichen Esslöffel Öl zufügen, Zwiebel darin unter Rühren braten, bis sie duftet. Chili, Salz, Zucker, Austernsauce, Currypulver und 2 Esslöffel Wasser zugeben, danach die Nudeln. Alles gut vermischen. Bohnensprossen und Garnelen-Huhn-Schweinefleisch-Mischung untermengen und alles noch 1 Minute rührbraten.

Zum Servieren Nudeln auf eine große Platte häufen, mit Koriander garnieren und mit gerösteten Sesamsamen bestreuen.

Malaysische Reisnudeln mit Garnelen und Schnittknoblauch

2 Portionen

150 g **fadendünne Reisnudeln (Vermicelli)**
Pflanzenöl zum Frittieren
80 g **fester Tofu**, in 2 cm lange Streifen geschnitten
12 **rohe Garnelen (Shrimps)**, geschält und ohne Darm, Schwänze ungeschält
30 g **Schnittknoblauch** (oder **Schnittlauch**), in 3 cm lange Stücke geschnitten
3 EL **Hühnerbrühe** (siehe S. 14)
1 EL **Austernsauce**
1 EL **dunkle Sojasauce**
1 Handvoll **Bohnensprossen**

PASTE
2 **getrocknete lange rote Chilischoten**
1 **Knoblauchzehe**, abgezogen
1 Prise **Salz**

ZUM SERVIEREN
1 **hartgekochtes Ei**, geviertelt
1 kleine Handvoll **Korianderblätter**
1 EL **frittierte Schalotten** (siehe S. 15)
Limettenspalten

Nudeln 30 Minuten in kaltem Wasser einweichen (oder nach Packungsanweisung bissfest zubereiten). Gut abtropfen lassen. Für die Paste Kerne und Stiele der getrockneten Chilis entfernen und die Schoten 10 Minuten in heißem Wasser einweichen. Abtropfen lassen und grob hacken. Chilis, Knoblauch und Salz im Mörser zu einer Paste verarbeiten und beiseitestellen.

Wok oder Fritteuse zu einem Drittel mit Öl füllen und auf 180 °C erhitzen. (Ein Brotwürfel bräunt darin in 15 Sekunden.) Tofu 1 Minute lang goldgelb frittieren. Auf Küchenkrepp abtropfen lassen. Wok reinigen, dabei aber 2 Esslöffel des Öls zurückbehalten.

Das zurückbehaltene Öl im Wok erhitzen und die Paste darin braten, bis sie duftet. Garnelen zugeben und 1 Minute unter Rühren braten. Tofu, Schnittknoblauch und Nudeln zugeben und alles noch 1 Minute rührbraten. Brühe, Austernsauce und Sojasauce dazugießen und alles 30 Sekunden garen. Bohnensprossen zugeben und weitere 30 Sekunden rührbraten, bis die Garnelen gar sind.

Zum Servieren die Nudeln auf eine große Servierplatte häufen. Mit Eivierteln, Koriander und frittierten Schalotten garnieren und Limettenspalten dazuservieren.

Glasnudeln mit Hackfleisch

2 bis 4 Portionen

150 g **Hackfleisch vom Schwein**
1 EL **helle Sojasauce**
120 g **fadendünne Mungobohnen-Glasnudeln (Vermicelli)**
2 EL **Pflanzenöl**
2 **Frühlingszwiebeln**, fein gehackt

SAUCE
1 EL **Chili-Bohnenpaste**
1 EL **helle Sojasauce**
1 EL **Shao Xing-Reiswein** (oder **trockener Sherry**)
125 ml **Hühnerbrühe** (siehe S. 14)

ZUM SERVIEREN
1 kleine Handvoll **Korianderblätter**

Hackfleisch mit der Sojasauce vermengen und beiseitestellen.

Glasnudeln 5 Minuten in heißem Wasser einweichen (oder nach Packungsanweisung zubereiten). Abtropfen lassen und mit der Küchenschere in kürzere Stücke schneiden. Saucenzutaten gut verrühren und beiseitestellen.

Öl im Wok bei starker Hitze so heiß werden lassen, dass es raucht. Hackfleisch darin unter Rühren anbräunen, Frühlingszwiebeln zugeben und ein paar Sekunden rührbraten. Sauce und Nudeln zugeben, auf mittlere Hitze reduzieren und alles 2 bis 3 Minuten garen, bis die Flüssigkeit fast aufgenommen ist. Mit Koriander garnieren und servieren.

Glasnudeln mit Krabbenfleisch und Mu-Err-Pilzen 2 bis 4 Portionen

20 g **getrocknete Mu-Err-Pilze**
100 g **fadendünne Mungobohnen-Glasnudeln (Vermicelli)**
2 EL **Pflanzenöl**
1 **Knoblauchzehe**, fein gehackt
1 **lange rote Chilischote**
1 kleine **Möhre**, in sehr feine Streifen geschnitten
2 **Frühlingszwiebeln**, in 3 cm lange Stücke geschnitten
1 Handvoll **Bohnensprossen**
250 g **gekochtes Krabbenfleisch** (Fertigprodukt, siehe Tipp unten)

SAUCE
250 ml **Hühnerbrühe** (siehe S. 14)
1–1 1/2 EL **Austernsauce**
1/2 TL **Sesamöl**
1/2 TL **Zucker**
1 EL **helle Sojasauce**
1 EL **Shao Xing-Reiswein** (oder **trockener Sherry**)
1 Prise **frisch gemahlener schwarzer Pfeffer**

ZUM SERVIEREN
1 kleine Handvoll **Korianderblätter**

Pilze 20 Minuten in warmem Wasser weich werden lassen. Abtropfen lassen und in mundgerechte Stücke schneiden, harte Bestandteile dabei entfernen. Glasnudeln 5 Minuten in heißem Wasser einweichen (oder nach Packungsanweisung bissfest zubereiten). Abtropfen lassen und mit der Küchenschere in kürzere Stücke schneiden. Alle Saucenzutaten verrühren, bis der Zucker sich aufgelöst hat. Sauce beiseitestellen.

Öl im Wok so heiß werden lassen, dass es raucht. Knoblauch, Chili, Möhre und Frühlingszwiebeln darin unter Rühren braten, bis sie duften. Pilze und Nudeln zugeben und alles 1 Minute garen. Sauce, Bohnensprossen und Krabbenfleisch zugeben und alles noch 1 bis 2 Minuten garen, bis die Nudeln die Flüssigkeit fast ganz aufgenommen haben. Zum Servieren das Nudelgericht auf Portionsschalen verteilen und mit Koriander bestreuen.

TIPP Gekochtes Krabbenfleisch ist als Fertigprodukt in der Dose erhältlich. Sie können es durch gekochtes Krebs- oder Hummerfleisch oder durch die gleiche Menge roher Garnelen ersetzen. Geben Sie diese jedoch bereits mit den Mu-Err-Pilzen und Nudeln in den Wok.

Reisnudeln mit Rindfleisch und Choi Sum

2 bis 4 Portionen

1 EL **Shao Xing-Reiswein** (oder **trockener Sherry**)
1 EL **helle Sojasauce**
1 Prise **frisch gemahlener schwarzer Pfeffer**
200 g **Rumpsteak**, in feine Streifen geschnitten
150 g **fadendünne Reisnudeln (Vermicelli)**
3 EL **Pflanzenöl**
2 **Eier**, leicht verschlagen
100 g **Choi Sum** (oder **Mangold**), in 5 cm lange Stücke geschnitten
1/2 **Möhre**, in sehr feine Streifen geschnitten
1 Handvoll **Bohnensprossen**
2 EL **Hühnerbrühe** (siehe S. 14)
1 EL **Austernsauce**

PASTE

1 **lange rote Chilischote**, entkernt und gehackt
2 **Knoblauchzehen**, zerdrückt
3 rote **asiatische Schalotten** (oder 1 große **rote Zwiebel**), in Ringe geschnitten
1 Prise **Salz**

ZUM SERVIEREN

1 kleine Handvoll **Korianderblätter**

Alle Pastenzutaten im Mörser zu einer Paste verarbeiten und beiseitestellen.

Reiswein, Sojasauce und Pfeffer in einer Schüssel verrühren. Steakstreifen in der Marinade wenden, bis sie ganz davon überzogen sind. 30 Minuten im Kühlschrank marinieren lassen. Reisnudeln 30 Minuten in kaltem Wasser einweichen (oder nach Packungsanweisung bissfest zubereiten) und gut abtropfen lassen.

1 Esslöffel des Öls in einer antihaftbeschichteten Pfanne erhitzen. Die verschlagenen Eier gleichmäßig in der Pfanne verteilen und wie ein Omelett backen. Aus der Pfanne nehmen, nach dem Abkühlen aufrollen, in dünne Streifen schneiden und beiseitestellen.

Die restlichen 2 Esslöffel Öl im Wok erhitzen, Paste darin unter Rühren braten, bis sie duftet. Steakstreifen zugeben und 1 Minute rührbraten. Choi Sum und Möhre zugeben und 1 bis 2 Minuten braten, bis der Choi Sum bissfest gegart ist. Bohnensprossen zufügen und 1 Minute braten, dann die Nudeln zugeben und alles 1 weitere Minute rührbraten. Brühe und Austernsauce hineingießen und so lange rührbraten, bis die Nudeln die Flüssigkeit fast ganz aufgenommen haben.

Nudeln auf Portionsschalen aufteilen, mit Omelettstreifen bestreuen und mit Koriander garnieren.

Eiernudeln mit Huhn und Shiitake-Pilzen

4 Portionen

8 **getrocknete Shiitake-Pilze**
350 g **Hühnerbrust** (ohne Haut und Knochen), in dünne Scheiben geschnitten
3 EL **Pflanzenöl**
2 **Eier**, leicht verschlagen
200 g **dicke (chinesische) Eiernudeln**
1 **Knoblauchzehe**, fein gehackt
1/2 TL geriebener **frischer Ingwer**
2 **Frühlingszwiebeln**, in 3 cm lange Stücke geschnitten
1 Stange **Staudensellerie**, schräg in Scheiben geschnitten
1 Handvoll **Bohnensprossen**
2 EL **Hühnerbrühe** (siehe S. 14)
2 EL **dunkle Sojasauce**
1 kleine Handvoll **Korianderblätter**

MARINADE
1 EL **Shao Xing-Reiswein** (oder **trockener Sherry**)
1 EL **helle Sojasauce**
1 Prise **frisch gemahlener schwarzer Pfeffer**

Pilze 20 Minuten in heißem Wasser einweichen. Abtropfen lassen, Stiele entfernen und Kappen in dünne Scheiben schneiden. Marinadezutaten in einer Schüssel verrühren, Hühnerfleisch in der Marinade wenden, so dass es gut überzogen ist, und im Kühlschrank 20 Minuten marinieren lassen.

1 Esslöffel des Öls in einer antihaftbeschichteten Pfanne erhitzen. Die verschlagenen Eier auf dem Pfannenboden verteilen und wie ein Omelett backen. Nach dem Abkühlen aufrollen, in dünne Streifen schneiden und beiseitestellen.

Nudeln unter warmem Wasser spülen, um sie zu trennen, (oder nach Packungsanweisung zubereiten) und gut abtropfen lassen.

Die restlichen 2 Esslöffel Öl im Wok erhitzen. Das Hühnerfleisch darin 2 Minuten unter Rühren braten. Knoblauch und Ingwer zugeben und 1 Minute rührbraten, bis sie duften. Pilze, Frühlingszwiebeln, Sellerie und Bohnensprossen zugeben und 1 Minute lang garen. Nudeln zugeben und alles noch 1 Minute rührbraten. Brühe und Sojasauce zugeben und so lange rührbraten, bis die Nudeln die Flüssigkeit fast ganz aufgenommen haben. Koriander untermischen.

Nudelgericht auf eine große Platte häufen und mit den Omelettstreifen bestreuen.

SIDRA
INGREDIENTS
ISO 9001:2000 品質系統認證

REGISTER

DANKSAGUNG

Ein herzliches Dankeschön an Kay und Juliet für die Idee zu diesem Buch und ihre Anleitung sowie an Amanda, die mich ermutigt hat, mein erstes Buch *Blue Ginger* und jetzt dieses hier zu schreiben. Ich danke Paul und Kim für die redaktionelle Unterstützung, Lauren für das wunderschöne Buchdesign, Katy, Ross und Wendy für das Überprüfen aller Rezepte und die Ideen zum Anrichten, Gorta und Vanessa für ihre wunderbaren Fotos und das Foodstyling und allen Leuten, die außerdem noch bei der Entstehung dieses Buches mitgewirkt haben.

Ein besonderer Dank gilt meinem Geschäftspartner Michael und seiner Frau Paula für ihre Ermutigung, die stets zum richtigen Zeitpunkt kam, und den Teams in meinem Restaurant *Blue Ginger* und in der *Bar Asia* für ihre tatkräftige Unterstützung: Leute, ohne euch hätte ich das nie geschafft!

Und natürlich danke ich Mum und Dad für ihre Liebe, Unterstützung und ihren weisen Rat.

Originaltitel: Takeaway. Noodle Soups, Salads and Stir-Fries

Redaktionsleitung: Susanne Kirstein

Redaktion der Originalausgabe: Kim Rowney, Katy Holder

Übersetzung und Redaktion der deutschen Ausgabe:
Stefanie Schaeffler, München

Artdirektion: Vivien Valk

Designentwurf und Layout: Lauren Camilleri

Umschlaggestaltung der deutschen Ausgabe:
Reinhard Soll, unter Verwendung der Gestaltung der Originalausgabe

Fotografie: Gorta Yuuki

Styling: Vanessa Austin

Foodstyling: Ross Dobson, Wendy Quisumbing

Satz der deutschen Ausgabe: Andreas Rimmelspacher, Murnau

Druck und Bindung: Eurografica, Marano
Printed in Italy

ISBN: 978-3-517-08365-0

817 2635 4453 6271

1

„Laura, bringst du mir bitte die Tulpen aus der Küche?“ Mrs Foster betrachtete prüfend die festlich gedeckte Tafel. Hier und da rückte sie ein Glas oder eine Serviette zurecht. Die Fosters erwarteten heute Gäste zum Abendessen. Es war die erste Party seit der Geburt von Lauras Schwester Sophie. Ihre Eltern hatten einfach Lust gehabt, mal wieder ein paar gute Freunde einzuladen.

Schon seit zwei Tagen waren die Vorbereitungen in vollem Gang. Laura und ihr

Bruder Max hatten schwere Einkaufstaschen geschleppt, Gemüse geschnitten und Gläser poliert. Laura freute sich, wenn das Fest nun endlich losging und die Arbeit ein Ende hatte. Das Gute war, dass die Eltern ihrer Freundin Mel auch eingeladen waren. Sie hatten erlaubt, dass Mel mitkam und bei Laura übernachtete. Die Parkers hatten leider keine Zeit, sonst wäre Jessica die Dritte im Bunde gewesen. Normalerweise waren Laura, Mel und Jessica nämlich unzertrennlich.

Bevor die Gäste kamen, wollte Laura auf jeden Fall noch zu Sternenschweif. Sie hatte ihn in den vergangenen Tage kaum gesehen, weil die Schule und die vielen Hausaufgaben sie völlig in Beschlag genommen hatten.

„Kann ich noch kurz in den Stall?“, fragte sie ihre Mutter, während sie ihr den Strauß bunter Tulpen reichte.

„Nein, jetzt nicht“, antwortete Mrs Foster zerstreut und nahm Laura die Blumen ab. „Ich brauche dich noch. Du könntest zum Beispiel das Brot aufschneiden oder ein paar zusätzliche Kleiderbügel an die Garderobe hängen."

Laura stöhnte innerlich. „Ich habe dir doch schon so viel geholfen", wandte sie ein. „Den ganzen Tag verbringen wir nun mit den Vorbereitungen. Ich habe Sternenschweif nur heute Morgen kurz gesehen, als ich ihm sein Futter gebracht habe. Außerdem sind wir in den letzten beiden Tagen nicht einmal ausgeritten, weil in der Schule auch noch so viel los war. Kann dir denn nicht Max zur Hand gehen?"

„Nein, das kann er nicht", erwiderte Mrs Foster bestimmt. „Max hat gestern und vorgestern wirklich viel gemacht. Jetzt räumt er gerade sein Zimmer auf, weil Jamie übers Wochenende zu Besuch kommt."

Laura biss sich auf die Unterlippe. Aus Erfahrung wusste sie, dass es keinen Sinn hatte, mit ihrer Mutter weiter zu diskutieren. Dabei brannte sie förmlich darauf, bei Sternenschweif zu sein. Vielleicht könnten sie sogar noch eine Runde fliegen, bevor die Gäste kamen? Das wäre großartig! Für Laura und Sternenschweif gab es nämlich nichts Schöneres, als im Galopp durch die Luft zu jagen. Sie würde niemals vergessen, wie sie bei ihrem ersten Flug die Hände in seiner seidigen Mähne vergraben hatte und wie ihr der Wind ins Gesicht geweht war. Auch heute noch fiel es ihr manchmal schwer zu glauben, dass sie ihr graues, unscheinbares Pony mit einem Zauberspruch tatsächlich in ein strahlendes Einhorn verwandeln konnte.

Das Beste daran war jedoch, dass sie sich mit ihm unterhalten konnte, solange er ein Einhorn war. Sie konnte mit ihm reden wie mit einem Freund. Er verstand sie wie niemand sonst, ihm konnte sie alles anvertrauen.

Laura machte auf dem Absatz kehrt und begab sich mit einem tiefen Seufzer in die Küche. Dort schnitt sie das Brot auf und füllte es in Körbe. Anschließend brachte sie von oben aus dem Kleiderschrank ihrer Eltern ein paar Kleiderbügel zur Garderobe.

„So, ich habe alles erledigt. Kann ich jetzt vielleicht doch noch kurz zu Sternenschweif?", fragte sie ihre Mutter.

Mrs Foster warf einen Blick auf die Uhr. „Nur noch eine Stunde, bis die Gäste kommen. Umziehen musst du dich auch noch.

Wenn du also unbedingt willst, dann wirklich nur kurz."

„In Ordnung", antwortete Laura rasch, schnappte sich ihre Jacke und schlug die Tür hinter sich zu, bevor ihre Mutter es sich anders überlegte.

Mit großen Schritten lief sie den Weg zu Sternenschweifs Stall hinunter. Er stand in der Nähe der Bäume, die sich am Rand der Koppel befanden. Als er sie kommen hörte, spitzte er die Ohren und drehte den Kopf zu ihr. Laura schlüpfte durch die Balken des Koppelzauns und lief zu ihm hinüber.

„Hallo, mein Freund", flüsterte sie und schlang die Arme um seinen Hals. Sternenschweif rieb seinen Kopf an ihr und schnaubte sanft.

„Hast du schon gedacht, ich käme gar

nicht mehr?“, fragte Laura. „Du kannst dir nicht vorstellen, wie viel ich meiner Mutter wegen dieser Party helfen musste. Ich dachte schon, das nimmt gar kein Ende mehr. Sie hat mir auch nur erlaubt, ganz kurz bei dir vorbeizuschauen, weil die Gäste bald kommen. Aber ich wollte unbedingt zu dir, nachdem ich die letzten Tage sowieso so wenig Zeit hatte.“

Sternenschweif nickte heftig. Auch er schien zu bedauern, dass sie sich nicht häufiger gesehen hatten.

„Komm noch ein bisschen weiter unter die Bäume“, bat Laura. „Dann sind wir besser vor fremden Blicken geschützt.“

Sie begab sich mit Sternenschweif in den Schutz der Zweige und murmelte die magischen Verse des Verwandlungszaubers:

Silberstern, Silberstern,
hoch am Himmel, bist so fern.
Funkelst hell und voller Macht,
brichst den Bann noch heute Nacht.
Lass dies Pony grau und klein
endlich doch ein Einhorn sein.

Kaum war das letzte Wort verklungen, zuckte ein violetter Blitz durch die Dämmerung und aus Sternenschweif war ein strahlend schönes Einhorn geworden. Sein silbernes Horn leuchtete und sein seidiges Fell glänzte wie der Abendstern, der funkelnd am Himmel aufging.

„Hallo, Laura", sagte Sternenschweif und legte zur Begrüßung seine samtweichen Nüstern an ihre Wange. „Wie schön, dass du noch kommst."

„Du kannst mir glauben, dass ich tausendmal lieber meine Zeit mit dir verbracht hätte, als mit meiner Mutter den Tisch zu decken oder stundenlang Salat zu putzen."

„Das klingt richtig nach Arbeit", meinte Sternenschweif mitfühlend. „Mir scheint, ein bisschen Abwechslung würde dir guttun. Wie wäre es mit einer kleinen Runde in der Luft? Es ist schon fast dunkel."

Laura war hin und her gerissen. „Du weißt, dass es für mich nichts Schöneres gibt, aber ich müsste eigentlich bald schon wieder im Haus sein."

„Ach komm, nur eine kleine Runde", bettelte Sternenschweif. „Du wirst sicher noch rechtzeitig kommen."

Laura zögerte und warf einen Blick auf die Uhr. In einer Viertelstunde sollte sie spätestens zurück sein. Aber immerhin wäre eine Viertelstunde besser als nichts.

„Also gut", stimmte sie kurzerhand zu. „Wir haben zwar nicht viel Zeit, aber dafür werden wir jede Minute genießen."

„Worauf du wetten kannst", antwortete Sternenschweif und Laura konnte das Lächeln in seiner Stimme hören.

Sie schwang sich auf seinen Rücken und Sternenschweif drückte sich mit den Hinterbeinen kräftig ab. Mit weit ausholenden Sprüngen galoppierte er zwischen den Bäumen hinauf Richtung Himmel. Er hielt sich dicht über den Baumspitzen, damit sie nicht entdeckt wurden, denn ein Einhorn durfte sich nur Einhornfreunden in seiner wahren Gestalt zeigen.

Sternenschweif galoppierte im Slalom

durch die Bäume und nahm die Kurven immer enger. Schließlich drehte er ab und sprang mit ein paar Riesensätzen auf die große Eiche zu, die alle anderen Bäume überragte. Er nahm Anlauf, wurde schneller und schneller und setzte schließlich mit einem gewaltigen Sprung darüber hinweg. Laura beugte sich weit nach vorn, umschlang Sternenschweifs Hals und jauchzte. Sie spürte die Wärme seines Körpers unter sich, während über ihr glitzernd die Sterne aufgingen – was konnte es Schöneres geben?

Sternenschweif flog Runde um Runde. Ebenso wie Laura schien er nicht genug zu bekommen. Als er das Tempo für eine kurze Verschnaufpause etwas drosselte, schaute Laura auf die Uhr.

„Oje, es ist schon spät“, rief sie erschrocken. „Ich müsste längst zu Hause sein. Lass uns umkehren.“

„In Ordnung“, antwortete Sternenschweif und machte sich auf den Rückweg Richtung Koppel. Doch als sie sich der Farm näherten, nahm Laura eine Bewegung neben dem Stall wahr. War dort jemand? Ja, tatsächlich, Laura erkannte eine Person, die sich auf die Baumgruppe am Rand der Koppel zubewegte. Ihr stockte der Atem. Es war Mel!

2

„Sternenschweif, sieh mal da unten, das ist Mel!“, flüsterte Laura aufgeregt. „Was machen wir denn jetzt?“

„Ich weiß auch nicht“, antwortete Sternenschweif ratlos. Laura spürte, dass auch er beunruhigt war. Er wurde langsamer und beide starrten sie nach unten zu der Gestalt.

Doch plötzlich geschah etwas Merkwürdiges. Lauras Körper wurde von einem Kribbeln erfasst, als ob lauter Ameisen an ihr hochkrabbelten. Und dann bemerkte sie, dass ein Leuchten sie umgab. Aber nicht nur sie, auch Sternenschweif leuchtete! Mit einem Mal war das Leuchten jedoch wieder verschwunden und Laura blickte nur noch ins Dunkle. Sie selbst war auch dunkel, nichts mehr von ihr war zu sehen, auch nicht von Sternenschweif. Und da begriff Laura – sie waren

unsichtbar! „Sternenschweif, was ist das?“, flüsterte sie.

„Ich denke, wir haben soeben eine neue magische Fähigkeit entdeckt“, antwortete Sternenschweif. Laura vernahm ein leises Beben in seiner Stimme.

In diesem Moment machte Mel unter ihnen auf dem Absatz kehrt und marschierte zum Haus zurück. Als sie sich entfernte, spürte Laura wieder dasselbe seltsame Kribbeln wie eben. Sie blickte an sich herunter und sah, wie sie und Sternenschweif in der Dunkelheit nach und nach wieder Gestalt annahmen.

„Puh, da haben wir gerade noch einmal Glück gehabt“, seufzte Laura erleichtert. „Jetzt lass uns schnell landen.“

Sternenschweif landete bei den Bäumen.

Kaum hatten Sternenschweifs Hufe festen Boden berührt, sprang Laura ab.

„Ich kann es immer noch nicht fassen", sagte sie und schüttelte ungläubig den Kopf. „Wir waren tatsächlich unsichtbar!"

„Unsichtbar zu werden gehört zu den schwierigsten magischen Fähigkeiten, soweit ich weiß", erklärte Sternenschweif.

„Ja, das dachte ich auch", erwiderte Laura. „Ich werde heute Nacht nachlesen, was in meinem Einhornbuch dazu steht. Aber jetzt muss ich ganz schnell ins Haus. Alle wundern sich bestimmt schon, wo ich stecke."

Im Schutz der Bäume sprach Laura die Verse zur Rückverwandlung und schon war aus dem strahlend schönen Einhorn wieder ein graues Pony geworden. Laura gab

Sternenschweif einen Kuss auf die Nase und lief davon.

Als sie ins Haus trat, war die Luft erfüllt vom Stimmengewirr und dem Klirren der Gläser, mit denen die Gäste sich zuprosteten. Mel kam ihr sofort entgegen.

„Wo warst du denn?", fragte sie aufgeregt. „Deine Mutter hat gesagt, du wärst bei Sternenschweif. Aber ich habe euch weder im Stall noch auf der Koppel gefunden."

„Ich war mit Sternenschweif kurz hinter dem Stall, um Mist abzuladen. Wahrscheinlich haben wir uns gerade verpasst", erwiderte Laura.

Sie war froh, dass sie auf dem Rückweg Zeit gehabt hatte, sich auf die Frage vorzubereiten. Sie hätte ja schlecht sagen können, dass sie im Dunkeln ausreiten war.

„Laura, ich hatte dich doch gebeten, nur kurz wegzubleiben“, sagte da Mrs Foster mit leicht vorwurfsvollem Ton. „Jetzt bist du noch nicht einmal umgezogen und unsere Gäste sind schon da.“

„Ich habe Sternenschweifs Box frisch gemacht und dabei irgendwie die Zeit vergessen, tut mir leid“, erwiderte Laura zerknirscht. In diesem Moment zupfte Mr Foster Lauras Mutter am Ärmel. „Ich glaube, Sophie bekommt langsam Hunger, sie wird ein bisschen quengelig. Sollen wir ihr ein Fläschchen geben?“

Laura war froh über die Unterbrechung. „Das können doch Mel und ich übernehmen“, schlug sie vor. „Dann könnt ihr euch in Ruhe um die Gäste kümmern.“

„Gute Idee“, stimmte ihre Mutter sofort

zu. „Aber vorher solltest du wenigstens noch Hallo sagen."

Laura war erleichtert, dass die Angelegenheit so schnell vom Tisch war. Brav machte sie ihre Runde bei allen und dann nahmen sie und Mel Sophie mit hoch in Lauras Zimmer. Lauras kleine Schwester war jetzt schon fast ein drei viertel Jahr alt. Sie gaben ihr ihr Fläschchen und spielten noch ein bisschen mit ihr. Dann bereitete Laura sie für die Nacht vor und brachte sie ihrer Mutter. Mrs Foster warf ihr einen dankbaren Blick zu.

Anschließend machten es sich Laura und Mel gemütlich. Sie legten ihre Lieblings-CDs ein, schauten gemeinsam Pferdezeitschriften an und unterhielten sich über alles Mögliche. Dabei aßen sie Unmengen von belegten Broten und eine riesige Schüssel Gummibärchen.

Als Mel gerade ein Kreuzworträtsel löste, nutzte Laura die Gelegenheit, um heimlich einen Blick in „Die Geschichte der Einhörner“ zu werfen. Rasch fand sie in dem alten Buch das richtige Kapitel und fing an zu lesen.

Sternenschweif und sie hatten recht gehabt. Über die Fähigkeit, sich unsichtbar zu machen, verfügten tatsächlich nur sehr erfahrene Einhörner und ihre Freunde. Dazu war eine besonders starke Konzentrationsfähigkeit nötig, die in Belastungssituationen noch besser ausgeprägt sein konnte. Das war möglicherweise eine Erklärung dafür, warum die Verwandlung scheinbar so mühelos geklappt hatte.

Nachdenklich betrachtete Laura die vergilbten Seiten des geheimnisvollen Buches, das ihr Mrs Fontana geschenkt hatte, bevor Laura überhaupt wusste, dass Sternenschweif ein Einhorn war. Wie immer, wenn Laura an die alte Buchhändlerin dachte, die vor einigen Monaten gestorben war, spürte sie einen kleinen Stich in der Brust.

Mrs Fontana hatte bei allen Einhornfragen stets einen Rat gewusst und war immer für Laura da gewesen. Nun war Laura ganz auf sich allein gestellt.

Jemand tippte ihr von hinten auf die Schulter. Laura zuckte zusammen.

„He, Träumerin, wo hast du denn deine Ohren?“, wollte Mel wissen. „Ich habe dich schon zweimal gefragt, was du da liest.“

„Entschuldige, ich war wohl in Gedanken“, beeilte sich Laura zu sagen und klappte schnell das Buch zu. „Ich habe gar nicht richtig gelesen, sondern mehr an unser Treffen mit dem Ponyclub gedacht. Meinst du, es werden viele kommen?“

Während die beiden Mädchen sich über den morgigen Tag Gedanken machten, zogen sie sich aus und schlüpften ins Bett. Es war schon fast Mitternacht und die beiden schliefen schnell ein.

Kurze Zeit später erwachte Laura jedoch bereits wieder. Draußen war es noch stockfinster. Sie blinzelte und warf einen verschlafenen Blick auf den Wecker. Drei Uhr morgens! Warum wachte sie mitten in der Nacht auf? Sie war doch todmüde. Da fiel ihr Blick auf die Kommode, die neben dem Fenster stand. Ein schwacher Schein drang durch den Spalt zwischen den beiden Türen. Er musste von Mrs Fontanas Kiste stammen, die Laura in der Kommode aufbewahrte. Sie enthielt die unterschiedlichsten Gegenstände, unter anderem eine Liste mit Namen in verschiedenen Farben, die manchmal leuchteten. Blau bezeichnete Einhörner, die bereits nach Arkadia, ihrer Heimat, zurückgekehrt waren. Violett bedeutete, dass ein Einhorn seinen Einhornfreund schon gefunden hatte. Ganz blass erschienen dagegen die Namen derer, die sich erst noch finden mussten.

Immer, wenn ein Einhorn oder sein

Freund ein Problem hatten, leuchtete ihr Name auf der Liste. Dann war es Lauras Aufgabe als Hüterin der Einhorngeheimnisse, ihnen zu helfen.

Eine Hüterin zu sein, war eine Auszeichnung und bedeutete, dass man schon eine Menge guter Taten vollbracht haben musste, so wie es die Aufgabe eines jeden Einhorns und seines Freundes war. Mrs Fontana, die selbst eine Hüterin gewesen war, hatte Laura diese Aufgabe übertragen.

Laura schlug die Decke zurück und schlich sich zur Kommode. Vorsichtig holte sie die alte Holzkiste heraus und öffnete sie mit dem kleinen goldenen Schlüssel. Dann entnahm sie ihr die Liste mit den Namen und entrollte sie vorsichtig. Tatsächlich, eine Zeile in der Mitte leuchtete ganz hell. Dort stand der Name Zoe Richard. Das war doch das Mädchen aus ihrer Schule, das drei Klassen über ihr war. Laura wusste, dass sie ein Pony hatte, aber sie hätte nicht im Traum daran gedacht, dass es sich dabei um ein Einhorn handelte. Vielleicht war es auch gar keines? Warum leuchtete die Schrift immer auf und verblasste dann wieder? War Zoes Pony nun ein Einhorn oder nicht? Verwirrt legte Laura die Liste zurück und schloss die Kommode. Morgen würde sie Sternenschweif von ihrem Fund erzählen. Gemeinsam würden sie das Rätsel schon lösen.

3

Als die beiden Mädchen am nächsten Morgen erwachten, war es bereits neun Uhr. Sie zogen sich rasch an und liefen nach unten.

„Na, ihr Schlafmützen“, begrüßte sie Mrs Foster, die gerade Weingläser abspülte. „Bei euch ist es wohl gestern auch ziemlich spät geworden.“

„Auf jeden Fall später als sonst“, antwortete Laura und nahm sich eine Scheibe Toast.

„Ich habe gestern so viele Gummibärchen gegessen, dass ich noch gar keinen Hunger habe“, fügte Mel hinzu und goss sich eine Tasse Tee ein.

Mrs Foster lachte. „Es war ja auch nicht so gedacht, dass ihr die Riesenpackung zu zweit aufesst.“

„Es war jedenfalls toll, dass wir so lange reden und Musik hören konnten“, stellte Laura fest.

„Trotzdem sollten wir uns jetzt ein bisschen beeilen, wenn ihr um elf Uhr beim Treffen des Ponyclubs sein wollt“, meinte Mrs Foster mit einem Blick auf die Uhr. „Ich muss dich ja noch heimfahren, Mel.“

Kurz nach elf Uhr erschien Laura mit Sternenschweif beim Treffen des Ponyclubs.

Mel hatte sie damals, als Laura mit ihrer Familie in die Nachbarschaft gezogen war, das erste Mal zum Ponyclub mitgenommen. Seitdem ging Laura regelmäßig hin, denn beim Ponyclub war immer etwas los. Es wurden allerlei Feste und Turniere veranstaltet oder man tauschte sich einfach über Pferde aus.

Heute wollten alle gemeinsam grillen. Lauras Freundinnen Jessica und Jane waren schon da und wenig später kam auch Mel. Nach und nach verteilten sich alle auf die verschiedenen Feuerstellen des Grillplatzes. Kurze Zeit später züngelten die ersten Flammen unter den Rosten empor.

Die Pferde waren in einiger Entfernung an einen Weidezaun angebunden. Ab und zu übertönte ihr lautes Wiehern das Stimmengewirr der Mädchen. Mel und Laura erzählten Jessica und Jane ausführlich von ihrer Mitternachtsparty.

„Das klingt ja ganz so, als hättet ihr jede Menge Spaß miteinander gehabt“, stellte Jessica mit einem Seufzer fest. „Als Entschädigung hättet ihr mir wenigstens ein paar Gummibärchen mitbringen können.“

„Leider ist kein einziges davon übrig geblieben. Ich gebe dir aber gerne etwas von dem Apfelkuchen von gestern Abend ab, den meine Mutter mir mitgegeben hat“, sagte Laura. „Er ist mindestens so lecker wie die Gummibärchen.“

„Da bin ich aber gespannt“, erwiderte Jessica grinsend.

Während die Mädchen es sich schmecken ließen, wanderte Lauras Blick über den Rest der Gruppe. Plötzlich fiel ihr Blick auf ein Mädchen weiter hinten auf der Wiese. War das nicht Zoe? Sie war ihr bei den bisherigen Treffen des Ponyclubs noch gar nicht aufgefallen. Zoe hatte sich gerade ein paar Möhren aus ihrem Rucksack geholt und ging nun hinüber zu den Pferden. Das war eine perfekte Gelegenheit für Laura, sie anzusprechen.

„Ich schaue mal kurz, ob bei Sternenschweif alles in Ordnung ist", sagte sie zu den anderen und stapfte davon. Sie ging zu Sternenschweif, der gerade genüsslich ein paar Grashalme von der Wiese rupfte.

„Na, mein Freund, geht es dir gut?", fragte Laura und strich ihm liebevoll über den Hals. Währenddessen warf sie einen verstohlenen Blick zu Zoe und ihrem Pony.

Zoe gab dem kleinen weißen Hengst gerade eine der Möhren und streichelte ihm dabei zärtlich über die Nüstern. Laura hörte, wie sie leise mit ihm sprach, während das Pony seinen Kopf an ihren Bauch drückte. Die beiden wirkten glücklich und vertraut miteinander. Bei diesem Anblick fiel die Vorstellung schwer, dass sie Lauras Hilfe brauchten. Sie ging zu ihnen hinüber.

„Hallo, ich bin Laura", begrüßte sie Zoe. „Ich weiß nicht, ob du mich kennst. Wir gehen in dieselbe Schule, allerdings bin ich drei Klassen unter dir."

„Doch, dein Gesicht kommt mir bekannt vor", antwortete Zoe freundlich. „Ich bin Zoe und das ist Silberregen."

„Ich wusste gar nicht, dass du auch im Ponyclub bist", fuhr Laura fort.

„Sind wir auch noch nicht so lange“, erklärte Zoe. „Das ist erst unser zweites Treffen. Bist du schon länger dabei?“

„Ja, meine Freundin Mel hat mich mitgenommen, nachdem wir hierhergezogen waren und ich Sternenschweif bekommen habe.“ Laura zeigte auf ihr Pony.

„Ein schönes Pferd“, stellte Zoe bewundernd fest. „Er sieht fast ein bisschen wie Silberregen aus.“

Laura hatte die Ähnlichkeit noch gar nicht bemerkt, aber Zoe hatte tatsächlich recht.

„Ja, das stimmt“, bestätigte Laura. „Die beiden würden sich bestimmt gut verstehen. Vielleicht wollen wir einmal zusammen ausreiten?“

„Vor Kurzem hätte ich noch sofort Ja gesagt“, erwiderte Zoe zögernd. „Aber meine Eltern haben ein Angebot von ihrer Firma erhalten, nach Frankreich zu gehen. Sie arbeiten beide in der Forschung und können dort an einem neuen Projekt teilnehmen.“

„Dann zieht ihr also nach Frankreich?“, fragte Laura voller Staunen.

„Ich nicht, nur meine Eltern“, antwortete Zoe. „Ich wechsle hier ins Internat, und zwar schon nächste Woche."

„Wirklich?", fragte Laura mit immer größeren Augen. „Und was passiert mit Silberregen? Du wirst ihn doch nicht mitnehmen können?"

„Nein, natürlich nicht", erwiderte Zoe. „Er geht zu seinen früheren Besitzern zurück. Sie heißen Cranford und wohnen in Blumfield, also nicht weit von hier. Eigentlich haben sie mir Silberregen nur geliehen, aber das schon vor Jahren, weil sie sich damals nicht mehr um ihn kümmern konnten."

„Oje, das ist ja schrecklich", sagte Laura mitfühlend.

„Natürlich ist es traurig, andererseits freue ich mich aber auch auf das Internat, weil ich dort Tag und Nacht mit anderen zusammen sein kann. Ich habe nämlich keine Geschwister und das ist manchmal schon ganz schön langweilig."

Laura bekam Zweifel, ob Silberregen tatsächlich ein Einhorn war, denn wie könnte es Zoe dann ertragen, von ihm getrennt zu werden? Für Laura war es unvorstellbar, Sternenschweif jemals zu verlassen. Selbst wenn er kein Einhorn wäre, könnte sie sich niemals auf ein Internat freuen, wenn das gleichzeitig bedeutete, ihr geliebtes Pony zurückzulassen.

Laura konnte Zoes Verhalten nicht verstehen. Warum schien ihr die Trennung kaum etwas auszumachen? Oder tat Zoe vielleicht nur so und es steckte noch mehr dahinter? Lauras Neugierde war geweckt. Sie wollte der Sache auf den Grund gehen.

4

Als Laura am späten Nachmittag mit Sternenschweif nach Hause ritt, war sie immer noch ganz verwirrt. Sie musste dauernd über das Gespräch mit Zoe nachdenken.

„Wollen wir nicht einen Abstecher zur geheimen Lichtung machen?", schlug sie vor, nachdem sie Sternenschweif alles erzählt hatte. Er nickte und verließ kurz darauf den Feldweg, der zur Farm führte. Schweigend ritten sie durch den Wald und hatten wenig später die geheime Lichtung erreicht.

Wie immer, wenn Laura ihren gemeinsamen Lieblingsplatz erreichte, überkam sie eine große Ruhe. Alles hier war so friedlich. Die Vögel zwitscherten, unzählige Schmetterlinge flogen zwischen den lilafarbenen Mondblumen hin und her und das Gras leuchtete saftig grün. Eine Weile genossen sie schweigend diesen Anblick. Dann verwandelte sie Sternenschweif und gemeinsam gingen sie zu dem alten, umgestürzten Baum, auf dem Laura so gerne saß.

„Findest du das alles nicht sehr seltsam?", fing sie an und zupfte ein bisschen Moos von der Rinde.

„Ja, ich verstehe das auch nicht", meinte Sternenschweif nachdenklich. „Ich habe versucht, mich mit Silberregen zu unterhalten, aber er hat nicht geantwortet. Dennoch sagt mir mein Gefühl, dass er ein Einhorn ist."

„Aber wenn er ein Einhorn ist, dann würde sich Zoe doch niemals von ihm trennen", wandte Laura ein. „Oder kannst du dir das bei uns vorstellen?"

„Nein, natürlich nicht", versicherte Sternenschweif sofort. „Aber nicht jeder muss so denken und fühlen wie wir."

„Dennoch", widersprach Laura trotzig. „Kein Einhornfreund verlässt sein Einhorn und freut sich auch noch aufs Internat."

Sternenschweif schien ihren Unmut zu spüren. Er stupste sie sanft mit der Nase an und fragte: „Warum nutzen wir nicht meine neue Zauberkraft und statten den beiden einen Besuch ab? Wenn wir unsichtbar sind, können wir sie ungestört beobachten. Vielleicht entdecken wir auf diese Weise noch etwas Neues?"

„Gute Idee", stimmte Laura sofort zu. „Dann reiten wir jetzt erst einmal nach Hause und in der Dämmerung fliegen wir zu Zoe. Ich weiß, wo sie wohnt. Wir können uns auf dem Weg dahin dicht über den Baumwipfeln halten, damit uns niemand entdeckt. Kurz bevor wir bei ihr sind, machen wir uns mithilfe deiner magischen Kräfte unsichtbar. Zoe ist um diese Zeit bestimmt bei Silberregen und vielleicht finden wir ja so heraus, ob er ein Einhorn ist oder nicht."

„Das klingt gut", stimmte Sternenschweif zu. „Dann lass uns jetzt nach Hause reiten."

Kaum fing es an zu dämmern, schlich sich Laura hinaus zu Sternenschweif. Ihr Vater schaute mit Max einen Tierfilm an, von dem beide völlig gefesselt waren. Lauras Mutter saß in ihrem kleinen Arbeitszimmer und hackte auf die Tastatur des Computers ein. Sie schrieb Kinderbücher, und wenn sie am Schreiben war, konnte sie alles um sich herum vergessen. Somit würde hoffentlich niemand Lauras Abwesenheit bemerken.

Sternenschweif wartete bereits am Gatter auf sie. Gemeinsam gingen sie zu der kleinen Baumgruppe am Rand der Koppel. Sobald Laura Sternenschweif verwandelt hatte, kletterte sie auf seinen Rücken.

„Lass uns keine Zeit verlieren", sagte sie. „Zoe wohnt ein ganzes Stück weg von hier."

Sternenschweif schwang sich sofort in die Luft. Sie hielten sich wie besprochen immer dicht über den Baumwipfeln und näherten sich einige Zeit später Zoes Zuhause.

„Irgendwie komme ich mir schlecht vor, die beiden heimlich zu beobachten", gestand Laura.

„Ich weiß, mir geht es ähnlich", antwortete Sternenschweif. „Aber wir schaden ihr ja nicht. Du versuchst, deiner Aufgabe als Hüterin nachzukommen und herauszufinden, ob Silberregen ein Einhorn ist oder nicht. Du kannst sie ja schlecht fragen und nachher ist er vielleicht gar keines."

„Genau, denn dieses Geheimnis darf jeder Einhornfreund schließlich nur für sich herausfinden", erwiderte Laura und seufzte.

Sternenschweif nahm Kurs auf die große

Koppel, die an ein altes Farmhaus angrenzte. Auf der gegenüberliegenden Seite, in der Nähe des Stalls, sahen sie ein Pferd und ein Mädchen.

„Das müssen Zoe und Silberregen sein“, sagte Laura. „Lass uns dort beim Koppeltor landen, aber natürlich unsichtbar.“

„In Ordnung“, stimmte Sternenschweif zu.

Laura verhielt sich ruhig, um Sternenschweifs Konzentration nicht zu stören. Er flog tiefer und steuerte die Koppel an. Doch diesmal umgab sie kein Leuchten. Je näher sie kamen, desto mulmiger wurde es Laura zumute. Warum waren sie immer noch nicht unsichtbar? Stimmte etwas nicht mit Sternenschweifs Kräften? Nun waren sie bereits gefährlich nahe am

Gatter. Wenn Zoe jetzt nach oben sah, würde sie sie entdecken. Und da! Laura fuhr der Schreck in alle Glieder. Zoe hob tatsächlich den Kopf und blickte Laura und Sternenschweif direkt in die Augen!

Laura spürte Panik in sich aufsteigen. Was sollten sie jetzt tun? Doch Zoe lächelte und winkte ihnen zu. Sternenschweif landete direkt neben ihr auf der Koppel und Laura stieg ab.

„Hallo, Laura", begrüßte Zoe sie und kam ihr entgegen. „Du musst nicht so erschreckt schauen. Ich weiß alles über Einhörner, Silberregen ist auch eines."

Laura bekam große Augen. Nun verstand sie gar nichts mehr.

„Wirklich?", war alles, was sie hervorbrachte.

„Ja, wirklich“, bestätigte Zoe lächelnd. „Du kannst ganz beruhigt sein, ich verrate euch nicht.“ Sie ging hinüber zu Sternenschweif und betrachtete versunken sein silbern glänzendes Horn.

„Ich habe mich immer gefragt, ob es hier noch andere Einhörner gibt“, sagte sie leise. „Leider haben wir nie welche kennengelernt.“

„Ich schon“, erwiderte Laura. „Es ist in der Tat etwas Besonderes, ein anderes Einhorn zu treffen und dieses Geheimnis mit jemandem zu teilen.“

„Das kann ich mir vorstellen“, erwiderte Zoe. „Vor allem, wenn man zusammen zaubern oder fliegen kann.“

„Wir könnten doch kurz eine Runde zusammen drehen?“, schlug Laura vor.

„Oh ja, das machen wir!", antwortete Zoe und klatschte vor Begeisterung in die Hände. Sie begaben sich in den Schutz der Bäume, wo Zoe die magischen Verse sprach.

Kurz darauf sausten die Einhörner Seite an Seite durch die Luft, ganz im Gleichklang ihrer Bewegungen. Vor jedem Baumwipfel sprangen sie im selben Moment ab, setzten mit weit ausgreifenden Sätzen darüber hinweg, die Köpfe mit den silbernen Hörnern lang nach vorne gestreckt, und landeten dann gemeinsam auf der anderen Seite.

„Zu zweit zu fliegen ist noch schöner", bemerkte Laura mit einem glücklichen Lächeln.

Finde ich auch", stimmte ihr Zoe zu.

„Vor allem hat man das Gefühl, als ob die beiden schon immer zusammen geflogen wären."

„Von mir aus können wir das in Zukunft öfter machen", schlug Laura vor. Zoe sagte darauf nichts.

„Du hast doch nicht wirklich vor, dich von Silberregen zu trennen?", fuhr Laura fort. „Ich könnte mir niemals vorstellen, Sternenschweif zu verlassen, und schon gar nicht, um auf ein Internat zu gehen."

Zoe warf ihr einen erstaunten Blick zu. „Wieso denn nicht?", fragte sie. „Silberregen und ich haben uns diesen Schritt gut überlegt. Wir sind sehr gerne zusammen, aber andererseits haben wir beide das Gefühl, dass nun der Zeitpunkt gekommen ist, getrennte Wege zu gehen. Dass ich ihn zu seinen ehemaligen Besitzern zurückbringe, war nur eine Ausrede. Ich kann ja denjenigen, die keine Einhornfreunde sind, schlecht die Wahrheit sagen."

„Und was ist die Wahrheit?", wollte Laura wissen.

„Na, dass Silberregen nach Arkadia zurückkehrt", antwortete Zoe gelassen.

Laura starrte Zoe mit offenem Mund an. „Silberregen ist doch dein bester Freund. Wie kannst du nur so ruhig sein bei der Vorstellung, dass ihr euch bald nie mehr wiedersehen werdet?", fragte sie voller Staunen.

„Aber deswegen werden wir doch trotzdem Freunde bleiben", entgegnete Zoe.

„Ich werde von Arkadia aus immer über Zoe wachen, sie beschützen und bei ihr sein", schaltete sich nun auch Silberregen ein. „Wir werden niemals richtig getrennt sein."

„Und auf diese Weise ist Silberregen endlich wieder bei seiner Familie", fuhr Zoe fort. „Ich weiß, dass er dort glücklich sein wird."

Laura biss sich auf die Unterlippe und dachte über Zoes Worte nach. Sie konnte sich niemals vorstellen, so wie Zoe zu fühlen und Sternenschweif nach Arkadia ziehen zu lassen. Was wäre ein Leben ohne ihn? Wenn es niemand mehr gäbe, der sie blind verstand? Mit dem sie über alles reden und mit dem sie nachts in den Sternenhimmel fliegen konnte? Vielleicht würde Zoe das alles erst bewusst werden, wenn Silberregen fort war. Aber dann konnte sie ihn nicht mehr aus Arkadia zurückholen, denn dieser Schritt war unwiderruflich.

„Bist du dir wirklich sicher, dass das so richtig ist?“, fragte Laura.

„Ja, absolut sicher“, erwiderte Zoe mit fester Stimme. „Das Einzige, was wir uns jetzt noch fragen, ist, wann ein Hüter kommt, der uns sagt, wie Silberregen nach Arkadia gelangt.“

Laura beschlich ein mulmiges Gefühl. Nun wusste sie auch, warum Zoes Name auf der Liste geleuchtet hatte. Es war Lauras Aufgabe als Hüterin, den beiden den Weg zu weisen! So etwas tat sie zum ersten Mal und wahrscheinlich hatte deswegen der Name so komisch geblinkt.

„Wir wissen noch nicht einmal, ob die Ältesten überhaupt der Meinung sind, dass

Silberregen nach Arkadia zurückkehren darf", fuhr Zoe fort. „Es ist uns bewusst, dass das eine Ehre ist, die nur denen zuteilwird, die sich als besonders mutig erwiesen und viele gute Taten vollbracht haben. Silberregen und ich waren zwar immer hilfsbereit, aber wir haben einfach auch gerne unsere Zeit gemeinsam verbracht und waren nicht besonders tatendurstig."

Jetzt wäre der perfekte Moment für Laura, um Zoe zu sagen, dass sie eine Hüterin war. Aber Lauras Lippen waren wie zugeklebt. Sie brachte kein Wort heraus. Sternenschweif wandte den Kopf und warf ihr einen fragenden Blick zu.

„Wir müssen jetzt gehen", sagte Laura stattdessen mit gepresster Stimme und ließ Sternenschweif in einer Linkskurve abdrehen.

„Was hast du denn plötzlich?“, rief Zoe erstaunt. „Wir können doch noch eine Runde fliegen.“

„Nein, wir müssen jetzt heim“, erwiderte Laura kurz angebunden.

„Wollt ihr morgen wiederkommen? Dann könnten wir gemeinsam ausreiten“, schlug Zoe vor.

„Wir werden sehen“, rief Laura über die Schulter zurück. Dann überließ sie Sternenschweif die Zügel und beugte sich tief über seinen Hals. Sie spürte Zoes fragenden Blick im Rücken. Warum hatte sie ihr nicht die Wahrheit gesagt?

5

Laura sprach während des Rückwegs kein einziges Wort. Sternenschweif schien zu spüren, wie aufgewühlt sie war. Sie flogen dicht über den Baumwipfeln dahin, obwohl es bereits Nacht war. Der Mond schien jedoch hell und alles war in ein sanftes, silbernes Licht getaucht. Sie blickte nach oben. Noch fehlte ein kleines Stück, aber bald war Vollmond.

Kaum waren sie im Schutz der Bäume gelandet, ergriff Sternenschweif das Wort:

„Ich kann gut verstehen, dass du Zoes und Silberregens Entscheidung nicht begreifen kannst", sagte er mit sanfter Stimme. „Aber denkst du nicht, dass du sie respektieren und ihnen sagen musst, dass du eine Hüterin bist?"

„Wenn ich das tue, dann muss ich Zoe doch als Nächstes den Weg zur Ebene des Lichts zeigen", sagte Laura missmutig.

„Und was wäre daran so falsch?", wollte Sternenschweif wissen.

„Alles!", widersprach Laura hitzig. „Siehst du denn nicht, dass die beiden kurz davor sind, einen Riesenfehler zu begehen? Sie werden todunglücklich sein, wenn sie voneinander getrennt sind, das weiß ich! Wenn Silberregen jedoch erst einmal in Arkadia ist, dann gibt es kein Zurück mehr. Deswegen müssen wir alles daransetzen, um zu verhindern, dass es so weit kommt."

„Selbst wenn du recht hättest, wie willst du das denn anstellen?", fragte Sternenschweif.

Laura schwieg. Sie wollte Sternenschweif nicht verraten, dass sie Silberregen zu sich holen wollte, wenn Zoe tatsächlich aufs Internat ging. Dann könnten sich die beiden wenigstens in den Ferien sehen.

„Ich glaube nicht, dass dir ein Urteil darüber zusteht, ob es nun richtig ist, dass sich die beiden trennen, oder nicht", fuhr Sternenschweif fort. „Sie haben sich so entschieden und das Leuchten in der Liste sagt dir, dass du ihnen bei dieser Entscheidung helfen sollst."

„Was du nicht alles weißt", blaffte Laura

bissig zurück. „Bist du nun der Hüter oder ich?“ Laura hasste es, mit Sternenschweif zu streiten, aber sie war sauer, dass er sie überhaupt nicht zu verstehen schien und alles besser wusste.

„Ich glaube, ich verwandle dich jetzt besser wieder zurück", sagte sie kurz angebunden und vermied es, ihm in die Augen zu schauen. Rasch sprach sie den Rückverwandlungszauber und lief zum Haus. Sie gab ihm keinen Abschiedskuss und winkte ihm auch nicht wie sonst noch einmal zu. Sternenschweif blickte ihr traurig hinterher.

Am nächsten Tag machte sich Laura gleich nach der Schule zu Zoe auf. Sie wollte ihr unbedingt von ihrer Idee erzählen, Silberregen zu sich zu holen. Die beiden Mädchen ritten los Richtung Wald. Zunächst redeten sie über dies und das und schließlich trabten sie gemütlich vor sich hin. Dann fasste sich Laura ein Herz und sagte:

„Gestern Nacht hatte ich noch einen Einfall, wie wir Silberregen retten können", fing sie an. Sie sah, wie Zoe die Stirn runzelte. „Ich habe mir überlegt, meine Eltern zu fragen, ob wir ihn nicht bei uns aufnehmen wollen. Dann wären er und Sternenschweif immer zusammen und das würde den beiden bestimmt gefallen. Wenn du dann Ferien hast, könntest du jeden Tag vorbeikommen und Silberregen besuchen. Wir könnten gemeinsam ausreiten und nachts zusammen fliegen." Laura musste Luft holen, weil sie so schnell gesprochen hatte. Von Zoe kam kein Wort. Sie blickte starr zu Boden und kaute auf ihrer Unterlippe herum. „Ist das nicht eine tolle Idee?", fragte Laura vorsichtig. Sternenschweif drehte den Kopf herum und warf ihr einen ungläubigen Blick zu.

Zoes Miene verdüsterte sich. Sie funkelte Laura wütend an.

„Nein, das finde ich ganz und gar nicht", blaffte sie zurück. „Wie kommst du nur dazu, dich in unsere Angelegenheiten einzumischen? Ich habe dir doch gesagt, dass unser Entschluss feststeht. Silberregen geht nach Arkadia und ich ins Internat. Und damit basta."

Mit diesen Worten drückte sie Silberregen die Hacken in die Seite und preschte davon. Sie schien wirklich sauer zu sein. Laura blickte ihr ratlos hinterher.

Sie beschloss, sich besser auf den Heimweg zu machen, und dachte fieberhaft über eine neue Lösung nach. Sie war immer noch der festen Überzeugung, dass Zoe es bereuen würde, sich von ihrem Einhorn zu trennen. Da fielen ihr die früheren Besitzer ein. Hatten sie nicht Cranford geheißen? Zoe hatte gesagt, dass sie nicht weit von ihr in Blumfield lebten. Vielleicht wären sie ja bereit, Silberregen bei sich aufzunehmen? Vermutlich würde Zoe das eher akzeptieren, als wenn er bei Laura lebte. Laura beschloss, noch heute Nacht zu den Cranfords zu fliegen, um sich dort umzuschauen. Sternenschweifs Horn würde ihnen bestimmt den Weg weisen.

Als Laura an diesem Abend im Bett lag, tauchte der Mond ihr Zimmer in silbernes Licht. Es war immer noch nicht ganz Vollmond, aber Laura konnte sich nicht erinnern, wann sie den Mond das letzte Mal so strahlend gesehen hatte.

Vielleicht war dieses Leuchten auch der

Grund, warum es ewig dauerte, bis die letzten Geräusche im Haus verklungen waren. Aber schließlich war alles ruhig und Laura kleidete sich rasch wieder an. Sie schlich sich nach unten und zog die Küchentür leise ins Schloss. Nichts regte sich, niemand schien etwas bemerkt zu haben.

Sternenschweif hob erstaunt den Kopf, als sie den Stall betrat.

„Hallo“, begrüßte ihn Laura etwas unsicher. Sie hatte nicht mehr mit ihm gesprochen seit ihrem Streit. Sternenschweif schnaubte und streckte ihr den Kopf entgegen. Laura strich ihm sanft über die Nase.

„Ich würde gerne mit dir zu den Cranfords fliegen“, erklärte sie. „Du weißt schon, den früheren Besitzern von Silberregen.

Vielleicht sind sie ja bereit, ihn bei sich aufzunehmen. Ich glaube, das würde Zoe auf jeden Fall eher akzeptieren, als wenn er zu uns kommt."

Sternenschweif warf ihr einen zweifelnden Blick zu.

„Lass es uns zumindest probieren", bat Laura. Sternenschweif zögerte kurz, nickte dann und folgte Laura zu den Bäumen am Rand der Koppel.

„Wohin fliegen wir genau?", wollte Sternenschweif wissen, sobald Laura ihn verwandelt hatte.

„Zoe hat gesagt, die Cranfords leben in Blumfield. Ich dachte, dein Horn wird uns sicher den Weg weisen", antwortete Laura.

Die beiden flogen los und hatten Blumfield bald erreicht. Als sie sich den ersten Häusern näherten, drehte Sternenschweif nach links ab. Sein Horn fing an zu leuchten.

„Das scheint die richtige Richtung zu sein“, sagte Laura. Und tatsächlich lotste sie Sternenschweifs Horn zielsicher zu einer abseitsliegenden Farm. Ein etwas windschiefer Stall stand auf einer Koppel, an die sich ein kleines Wäldchen anschloss.

„Komm, lass uns da landen“, sagte Laura und deutete nach unten.

Kaum waren sie zwischen den Bäumen gelandet, stieg Laura ab. Gemeinsam betrachteten sie im Schutz der Zweige das alte Farmhaus.

„Was hast du denn jetzt vor?“, fragte Sternenschweif. Doch ehe Laura antworten konnte, erklang hinter ihnen eine Stimme.

„Guten Abend. Kann ich euch weiterhelfen?“

Laura stockte vor Schreck fast der Atem. Sie fuhr herum und erblickte einen älteren Herrn mit einem kleinen Terrier. Er sah Lauras Hund Walter, der früher Mrs Fontana gehört hatte, zum Verwechseln ähnlich.

„Gu… guten Abend“, brachte Laura stotternd hervor. Ihre Gedanken überschlugen sich. Was sollte sie denn jetzt tun? Nur Einhornfreunde durften ein Einhorn in seiner wahren Gestalt sehen. Alle anderen mussten den Trank des Vergessens trinken, um jegliche Erinnerung daran auszulöschen.

Dem älteren Herrn schien ihre Aufregung nicht zu entgehen. „Keine Sorge“, sagte er mit einem Lächeln. „Bei mir ist euer Geheimnis gut aufgehoben. Wir hatten früher auch einmal ein Einhorn. Es lebt zwar schon eine Weile nicht mehr bei uns, aber dennoch habe ich gespürt, dass ein Einhorn in unserer Nähe ist. Peggy übrigens auch. Wir waren gerade bei unserem Abendspaziergang, als sie mich zu euch geführt hat."

„Da bin ich aber froh, dass Sie ein Einhornfreund sind“, sagte Laura erleichtert. „Ich heiße übrigens Laura Foster und das ist Sternenschweif.“

„Schön, euch kennenzulernen“, antwortete der ältere Herr freundlich. „Ich bin Ben Cranford.“

„Ich weiß“, erwiderte Laura. „Wir wollten zu Ihnen. Es geht um Silberregen.“

Mr Cranford runzelte die Stirn. „Ist etwas passiert?“

„Nein, noch nicht, aber in ein paar Tagen vermutlich“, antwortete Laura. „Da geht Silberregen nämlich zurück nach Arkadia.“

Mr Cranford lächelte erleichtert. „Ach so, das weiß ich. Zoe hat mit uns darüber gesprochen.“

„Aber das dürfen Sie nicht zulassen!“,

rief Laura. „Ich weiß genau, dass die beiden diesen Entschluss bitter bereuen werden. Können Sie Silberregen nicht wieder bei sich aufnehmen?“

„Nein, wieso sollte ich?“, fragte Mr Cranford erstaunt. „Silberregen geht nach Arkadia zurück, weil seine Zeit gekommen ist. So haben Zoe und er es beschlossen und so soll es sein. Alles andere wäre falsch.“

Laura fühlte sich, als hätte ihr jemand den Boden unter den Füßen weggezogen. Alle ihre Versuche, Silberregens Rückkehr nach Arkadia zu verhindern, schlugen fehl. Was konnte sie jetzt noch tun?

6

Mr Cranford schien zu spüren, wie unglücklich Laura mit seiner Antwort war. „Mach dir um die beiden keine Sorgen“, versuchte er sie zu beruhigen. „Ihre Entscheidung ist die richtige, sie wollen es so.“

„Ich glaube, dass sie bald feststellen werden, dass sie einen großen Fehler begangen haben“, widersprach Laura. „Aber dann wird es zu spät sein.“ Mr Cranford sah sie nachdenklich an.

„Wir sollten uns besser auf den Heimweg

machen“, schaltete sich Sternenschweif mit sanfter Stimme ein. „Es ist schon spät.“

Laura zwang sich, das Karussell, das sich in ihrem Kopf drehte, anzuhalten.

„Du hast recht“, antwortete sie. „Lass uns nach Hause fliegen.“ Sie kletterte auf Sternenschweifs Rücken und verabschiedete sich von Mr Cranford.

„Auf Wiedersehen, Laura“, erwiderte der alte Mann. „Mach dir keine Sorgen, es wird alles gut werden.“

Laura hob noch einmal kurz die Hand, dann schwang sich Sternenschweif in die Luft.

Auf dem Heimweg wechselten sie kaum ein Wort miteinander. Laura überlegte verzweifelt, wie sie Silberregen zum Bleiben überreden konnte. Aber es wollte ihr einfach nichts einfallen. Als sie wieder zu Hause gelandet waren, kletterte Laura mit einem tiefen Seufzer von Sternenschweifs Rücken.

„Sei doch nicht traurig, Laura“, sagte Sternenschweif und blies ihr sanft durch die Haare. „Wieso sollte Mr Cranford nicht recht haben? Die beiden wollen es so. Nun liegt es nur noch an den Ältesten, ob Silberregen die Reise nach Arkadia antreten darf.“

„Die Ältesten sind weise und werden erkennen, dass diese Entscheidung falsch ist“, entgegnete Laura.

„Wieso wehrst du dich eigentlich so dagegen?“, wollte Sternenschweif wissen. „Ich habe nicht den Eindruck, als ob du auch nur einmal darüber nachgedacht hättest, ob das für die beiden vielleicht nicht doch das Richtige ist? Du gehst immer nur von dir aus. Natürlich wollten wir nie getrennt werden, aber es muss ja nicht jeder sein wie wir. Die beiden haben eben eine andere Art von Freundschaft."

„Du hast doch selbst gesehen, wie gut sie sich verstehen!", brauste Laura auf. „Was meinst du wohl, wie Zoe sich fühlt, wenn ihr bester Freund nicht mehr da ist und wenn sie nachts nicht mehr miteinander fliegen können?"

„Geht es dir nicht auch darum, dass auch du dann niemanden mehr hast, mit dem du fliegen und Einhorngeheimnisse teilen kannst?", fragte Sternenschweif leise. „Vielleicht bist du dir dessen gar nicht bewusst, aber das könnte doch auch eine Rolle spielen, oder?"

Laura blieb der Mund offen stehen. „Wie kommst du denn darauf?“, rief sie aufgebracht. „Also bevor ich mir weiter solchen Unsinn anhöre, verwandle ich dich lieber wieder zurück.“ Und bevor Sternenschweif noch etwas erwidern konnte, sprach Laura die magischen Verse und stapfte wütend über die Koppel davon.

In dieser Nacht konnte Laura lange keinen Schlaf finden. Unruhig wälzte sie sich hin und her. Sternenschweifs Worte gingen ihr nicht mehr aus dem Kopf. Vielleicht steckte doch ein Körnchen Wahrheit in dem, was er gesagt hatte?

Laura seufzte und drehte sich auf die andere Seite. Warum musste nur immer alles so kompliziert sein? Es tat ihr leid, dass sie Sternenschweif so hatte stehen lassen. Es

kam zwar selten vor, dass sie Streit hatten, aber wenn, dann fühlte sich Laura immer ganz schlecht. So wie jetzt. Warum war sie nur so wütend geworden? Gleich morgen wollte sie mit ihm reden und sich entschuldigen.

Am nächsten Morgen erwachte Laura schon früh. Sie zog sich rasch an und ging nach unten. Im Haus war es noch ruhig. Selbst die kleine Sophie schien heute länger zu schlafen. Laura schnitt sich eine Scheibe Brot ab und ging den Weg zu Sternenschweifs Koppel hinunter. Er trat gerade aus dem Stall und blickte ihr entgegen.

„Hallo, mein Freund", begrüßte ihn Laura und streichelte ihm sanft über die Stirn. Er warf ihr einen fragenden Blick aus seinen dunklen Augen zu.

„Es tut mir leid, dass ich dich gestern so angefahren habe", fing Laura an. „Ich weiß auch nicht, was mit mir los ist." Sternenschweif schnaubte und presste seinen Kopf an ihren Bauch.

„Verzeihst du mir?", fragte Laura leise. Sternenschweif nickte so heftig, dass sie beinahe das Gleichgewicht verloren hätte.

„He, nicht so stürmisch“, wehrte sie ihn lachend ab und fing sich mit einem Schritt nach hinten wieder auf. „Sonst verstauche ich mir noch den Fuß und wir können nachher nicht mit Zoe und Silberregen ausreiten.“ Sie warf einen Blick auf ihre Armbanduhr. „In zwei Stunden kommen sie vorbei“, fuhr sie fort. „Da bringe ich dir besser jetzt dein Frühstück.“

Während Laura Sternenschweifs Box ausmistete, streckte das kleine Pony die Nase in das Netz mit frischem Heu, rupfte kleine Büschel heraus und zermalmte sie genüsslich.

Als Laura fertig war, ging sie ins Haus zurück, um selbst auch etwas zu frühstücken. Max räumte gerade seine Müslischale in die Spülmaschine, als Laura die Küche betrat.

„Guten Morgen“, begrüßte sie ihren kleinen Bruder. „Du bist heute aber früh auf.“ Max war normalerweise eher ein Langschläfer.

„Ja, ich will mit Jamie zum Bach im Lerchental. Er hat gerade Hochwasser und das wollen wir uns anschauen.“ Max’ Berner Sennenhund Buddy bellte und stupste ihn mit seiner feuchten Schnauze an.

„Ja, Buddy, natürlich darfst du auch mit“, erwiderte Max mit einem breiten Grinsen. „Ich weiß doch, wie gerne du die Vögel dort jagst.“

Er nahm die Hundeleine vom Haken, was zur Folge hatte, dass Buddy noch lauter bellte und wie ein wild gewordener Fellball auf und ab hüpfte. Lauras kleiner Terrier saß unter dem Küchentisch und betrachtete die Szene aus sicherer Entfernung.

„Wir gehen nachher auch noch spazieren, Walter", sagte Laura und holte sich die Cornflakespackung aus dem Schrank. „Aber vorher reite ich mit Zoe und Silberregen aus. Es scheint ein schöner Tag zu werden und ich will den beiden die Lichtung mit den vielen Hügeln zeigen."

„Dann viel Spaß", verabschiedete sich Max und zog sich seine Jacke an.

„Euch auch", antwortete Laura mit vollem Mund. „Bis später."

Nach dem Frühstück spielte Laura ein bisschen mit der kleinen Sophie, weil ihre Mutter in der Waschküche beschäftigt war. Laura war immer wieder erstaunt, was Sophie schon alles konnte. Jeden Tag schien sie etwas Neues zu lernen. Sie konnte jetzt schon alleine sitzen und hatte viel Spaß daran, kleine Holzklötze in eine Kiste zu werfen und sie dann wieder umzukippen. Sie war meistens guter Laune und schlief viel, sodass Mrs Foster Zeit für ihre Arbeit hatte.

Als Laura Zoe auf den Hof reiten sah, brachte sie Sophie zu ihrer Mutter und lief rasch nach draußen.

„Hallo“, begrüßte sie ihre Freundin. „Komm doch mit hinunter zur Koppel, dann sattle ich Sternenschweif.“

Als Sternenschweif sie kommen sah, trabte er ihnen entgegen und folgte ihnen in den Stall. Zoe half Laura, Sternenschweif zu bürsten und ihm die Hufe auszukratzen. Dann legten sie ihm Sattel und Zaumzeug an.

„So, jetzt kann es losgehen", erklärte Laura und führte Sternenschweif nach draußen. Die beiden Mädchen waren gerade losgeritten, als sie hinter sich aufgeregte Rufe hörten:

„Laura, halt, warte doch! Waaartet!" Völlig außer Atem kam Max auf sie zugerast. Er war verschwitzt und die Haare klebten ihm in der Stirn. Sein Gesicht war ganz blass und seine Augen blickten angsterfüllt. Laura sprang ab und lief ihm entgegen.

„Was ist denn?", rief sie. „Ist etwas passiert? Wo ist Buddy?"

„Ich habe ihn bei Jamie gelassen", japste Max. „Wir waren am Fluss und da hat sich Jamie zu weit vorgewagt. Das Ufer hat nachgegeben und er ist ins Wasser gefallen." Max musste kurz anhalten, um Luft zu holen. „Das Wasser ist so reißend, dass es ihn abgetrieben hat. Er konnte sich an einem abgeknickten Baum festhalten, der von einer kleinen Insel ins Wasser gefallen ist. Die Insel liegt gar nicht weit vom Ufer und Jamie kann stehen, aber er hat seinen Arm verletzt und traut sich nicht herüberzukommen. Laura, du musst ihm helfen!"

7

Laura legte einen Arm um ihren Bruder und sagte: „Beruhige dich, Sternenschweif und ich werden gleich mit dir zu Jamie reiten. Sagst du vorher noch Mum Bescheid?"

Max nickte nur. Dann lief er den Weg hoch Richtung Haus.

„Natürlich komme ich mit und helfe euch", sagte Zoe sofort.

Laura betrachtete sie nachdenklich. „Ich glaube, ihr könntet auf andere Weise eine viel größere Hilfe sein."

„Wie meinst du das?“, fragte Zoe.

„Wir haben vor Kurzem herausgefunden, dass Sternenschweif sich und andere unsichtbar machen kann“, erklärte Laura. „Wenn er es schafft, dich und Silberregen unsichtbar zu machen, dann könnt ihr unbemerkt zum Fluss fliegen und mit der Kraft von Silberregens Horn Jamies Arm heilen.“

„Sternenschweif beherrscht den Unsichtbarkeitszauber?“, fragte Zoe ungläubig.

„Ja, allerdings hat es beim letzten Mal leider nicht geklappt“, erwiderte Laura. „Und er hat bislang auch nur sich und mich unsichtbar gemacht, aber wir müssen auf jeden Fall probieren, ob es bei euch nicht auch funktioniert. Lass uns zu den Bäumen bei der Koppel gehen, damit uns niemand sieht.“

Kaum waren sie dort angelangt, sprachen die Mädchen den Verwandlungszauber.

„Meinst du, du schaffst es?“, fragte Laura Sternenschweif.

„Ich werde mein Bestes geben“, versprach Sternenschweif. „Sitz auf, Zoe.“

Zoe kletterte auf Silberregen und Sternenschweif trat vor und senkte sein Horn in Richtung der beiden. Dann schloss er die Augen. Es war ganz still. Die erste Minute verging, ohne dass etwas passierte. Laura zwang sich, ihre Ungeduld zu bezähmen. Sternenschweif hielt die Augen weiter geschlossen und schnaubte ab und zu laut. Da! Laura sah, wie Zoe und Silberregen anfingen zu leuchten. Zuerst waren es nur ihre Umrisse, aber dann schon bald ihr ganzer Körper. Sie wurden heller und heller bis sie schließlich nicht mehr zu sehen waren.

„Es hat geklappt!“, jubelte Laura und klatschte vor Begeisterung in die Hände.

„Wir sind tatsächlich unsichtbar“, erklang Zoes Stimme aus dem Nichts. „Es fühlt sich irgendwie komisch an.“

„Los, lasst uns keine Zeit verlieren“, sagte Laura. „Ich reite jetzt mit Max zum Fluss und ihr könnt fliegen. Weißt du überhaupt, wo das Lerchental ist?“

„Aber natürlich“, antwortete Zoe. „Das ist ja gar nicht weit von hier. Bis nachher also.“

„Ja, bis nachher“, antwortete Laura. Dann sprach sie den Rückverwandlungszauber und eilte mit Sternenschweif zum Haus.

Ihre Mutter und Max traten gerade aus der Tür. Max hatte einen kleinen Rucksack auf dem Rücken.

„Max hat ein paar trockene Sachen und heißen Tee für Jamie eingepackt", erklärte Mrs Foster. „Wir haben Dad auf dem Handy erreicht. Er ist im Buchenwald beim Bäumefällen. Aber er hat gesagt, er fährt gleich los, und dann müsste er kurz nach euch dort sein. Versprecht mir, dass ihr bis dahin nichts Gefährliches unternehmt, damit ihr nicht auch noch ins Wasser fallt."

„Ja, versprochen", erklärten Laura und Max im Chor. Dann saß Laura auf und zog Max hinter sich hoch.

„Bis später", rief Laura ihrer Mutter zu.

„Passt gut auf euch auf", rief sie zurück und winkte.

Während sie zum Fluss ritten, erzählte Max Laura noch einmal ausführlich, was passiert war.

„Zum Glück war Buddy dabei, sonst hätte ich Jamie ganz allein zurücklassen müssen“, schloss er seinen Bericht.

„Ja, seine Gesellschaft tut ihm bestimmt gut“, versicherte Laura.

„Hoffentlich passiert Jamie nichts, bis wir da sind“, fuhr Max mit zitternder Stimme fort.

Laura wusste, dass Zoe und Silberregen Jamie bestimmt schon längst erreicht hatten.

„Keine Sorge“, beruhigte sie ihren Bruder. „Schau doch, da vorne sieht man bereits den Fluss.“

Kurze Zeit später hatten sie das Ufer erreicht. Ein Baum hatte sich zwischen dem Gestrüpp der hereinhängenden Äste und der Insel verhakt. Sie sahen, wie Jamie sich mit beiden Händen daran entlanghangelte. Er hatte gerade die Hälfte der Strecke zurückgelegt. Laura und Max sprangen ab und liefen ans Wasser.

„Warte du am besten hier", sagte Laura zu ihrem Bruder und watete ins Wasser. Vorsichtig zog sie die Äste auseinander. Jamie kam währenddessen Stück für Stück näher.

„Sehr gut, gib mir deine Hand!", rief Laura, als er nahe genug war. Sie half ihm, durch das Gestrüpp bis zum Ufer zu kommen, wo Max sich ihnen entgegenstreckte. „Geschafft!", japste Laura, als sie schließlich alle drei ins Gras plumpsten.

„Das hast du prima gemacht, wie du dich an dem Baumstamm festgehalten hast“, lobte sie Jamie nach einer kurzen Verschnaufpause. „Tat dir deine Hand denn nicht weh?“

„Nein, gar nicht“, erklärte Jamie und strich sich die nassen Haare aus dem Gesicht. „Es war ganz komisch. Ich hatte am Anfang solche Schmerzen, aber dann wurde mein Arm mit einem Mal ganz warm und kribbelte. Das dauerte nur ein paar Sekunden, und als ich danach versuchte, meine Finger zu bewegen, tat meine Hand überhaupt nicht mehr weh. Die Schmerzen waren wie weggeblasen. Ich kann das überhaupt nicht erklären, denn vorher tat mir der ganze Arm schon bei der kleinsten Regung weh.“

Laura musste sich ein Grinsen verkneifen. Sie wusste, dass die plötzliche Heilung Silberregens Zauberkräften zu verdanken war. Aber sie verstand dass für jemand wie Jamie, der nichts von Einhornmagie wusste, das alles sehr rätselhaft war.

„Das klingt ja fast wie ein Wunder", meinte Max mit großen Augen. Er hatte ja auch keine Ahnung.

„Trotz dieses Wunders wird Jamie sich erkälten, wenn er nicht bald aus seinen nassen Sachen kommt", stellte Laura mit einem Blick auf Jamie fest. Max' Freund sah in der Tat aus wie ein begossener Pudel. Hose und T-Shirt hingen klatschnass an seinem Körper. Die Haare klebten ihm in der Stirn. Sogar ein paar kleine Blätter hatten sich darin verfangen.

„Ich habe dir etwas Trockenes mitgebracht“, beeilte sich Max zu sagen und ging zu seinem Rucksack.

Während Max Jamie beim Umziehen half, ging Laura zu Sternenschweif.

„Zoe und Silberregen haben wirklich Großartiges geleistet“, flüsterte sie ihm zu, während sie mit den Fingern durch seine seidige Mähne fuhr. „Wahrscheinlich lässt ihre Unsichtbarkeit gerade bereits wieder nach.“

Da ertönte ein Hupen und der Geländewagen ihres Vaters tauchte auf. Er hielt direkt vor ihnen und Mr Foster sprang heraus. Rasch lief er zu Jamie.

„Wie geht es dir? Hast du dich verletzt?“, fragte er und musterte ihn von oben bis unten.

„Nein, mir geht es gut", versicherte Jamie. „Ich hatte mir die Hand verstaucht, aber wie durch ein Wunder tat sie plötzlich überhaupt nicht mehr weh."

Mr Foster betrachtete Jamies Hand und drehte sie in alle Richtungen. „Nichts zu sehen", stellte er fest. „Scheint wirklich wieder alles in Ordnung zu sein."

Buddy, der sich bislang still verhalten hatte, fing plötzlich an zu bellen. Er lief ein Stück den Weg entlang, auf dem sie gekommen waren, schaute dann zu ihnen zurück und bellte erneut.

„Ich glaube, selbst Buddy hatte für heute genug Abenteuer", stellte Laura fest.

„Lasst uns nach Hause fahren", schlug Mr Foster vor. „Laura, macht es dir nichts aus, alleine heimzureiten?"

„Aber mit Sternenschweif bin ich doch nicht alleine“, erwiderte Laura lachend.

„Das ist natürlich richtig“, stimmte Mr Foster ihr zu. „Also, bis später.“

Er stieg mit den beiden Jungs und Buddy ins Auto und fuhr davon. Als Laura sich gerade auf den Weg machen wollte, bemerkte sie eine Bewegung zwischen den nahe gelegenen Bäumen. Zoe und Silberregen kamen aus dem Schutz des Waldes auf sie zu.

„Hallo, wir haben hier gewartet, bis die Luft rein ist“, begrüßte Zoe sie.

„Das war großartig, wie ihr Jamie geholfen habt“, sagte Laura voller Bewunderung. „Was für eine grandiose Idee mit dem Baumstamm!“

„Als wir hergeflogen sind, haben wir

diesen Baum etwas weiter oben am Ufer entdeckt. Er war schon halb umgeknickt. Nachdem Silberregen mit seinem Horn Jamies Hand geheilt hatte, sind wir zurückgeflogen und haben ihn vollends zu Fall gebracht. Dann hat Silberregen ihn aus der Luft so dirigiert, dass er sich zwischen der Insel und dem Gestrüpp am Ufer verhakt hat."

Laura versuchte sich die Szene vorzustellen und bekam große Augen.

„Das war ganz schön gefährlich", stellte sie fest. „Ihr hättet leicht selbst ins Wasser fallen können."

„Ja, wir haben all unsere Flugkünste aufbringen müssen", bestätigte Zoe mit einem Grinsen.

„Dann lasst uns jetzt losreiten, damit ihr

heimkommt und euch erholen könnt", sagte Laura.

Kurz bevor sie die Farm erreichten, bog Zoe ab und ritt mit Silberregen nach Hause. Nachdenklich blickte Laura ihr hinterher.

Daheim angekommen brachte sie Sternenschweif in den Stall und setzte sich auf die Futterkiste.

„Mir ist nicht mehr aus dem Kopf gegangen, was du zu mir gesagt hast", fing sie an. Sternenschweif warf ihr einen überraschten Blick zu.

„Vielleicht hattest du ja recht mit der Frage, ob ich Zoe und Silberregen nicht auch meinetwegen hierbehalten will. Wenn ich ehrlich bin, dann hätte ich natürlich wahnsinnig gerne eine Einhornfreundin, mit der ich jedes Geheimnis teilen und mit der ich Seite an Seite durch die Nacht fliegen kann.“ Sie hielt kurz inne und fuhr dann leise fort: „Aber ich muss wohl einsehen, dass das ein Traum bleiben wird und es hier nicht um mich geht. Wenn Zoe und Silberregen sich wirklich trennen wollen, dann muss ich lernen, das zu akzeptieren.“

Ein tiefer Seufzer entfuhr ihr. Sternenschweif kam auf sie zu und blies ihr sanft durch die Haare.

„Es tut mir leid, dass ich so verbohrt war“, sagte Laura leise.

Eine Weile hielten die beiden die Köpfe dicht beieinander. Dann stand Laura auf.

„Ich gehe jetzt besser ins Haus, sonst machen sich meine Eltern noch Sorgen“, sagte sie. Sie verabschiedete sich und ging nachdenklich davon.

Als sie am Abend Mrs Fontanas Kiste aus der Kommode nahm, bemerkte sie sofort wieder das Leuchten auf der Liste. Aber dieses Mal verblasste es nicht mehr, sondern erschien in Signalrot, als ob es ihr etwas Wichtiges mitteilen wollte. Laura wusste auch, was. Die Ebene des Lichts, von wo

aus die Einhörner nach Arkadia zurückkehrten, erschien nur einmal im Jahr und nur bei Vollmond. Laura erinnerte sich, wie hell die Nächte in letzter Zeit gewesen waren. Heute Nacht musste Vollmond sein. Das war die Gelegenheit für Zoe und Silberregen, ihren Entschluss endlich in die Tat umzusetzen. Und es war Lauras Aufgabe, ihnen dabei zu helfen. Sie musste zu ihnen, und zwar noch heute Nacht!

8

Laura nahm ein paar Gegenstände aus der Kommode, bis sie ein altes Stück Papier in den Händen hielt. Es war die Karte, die ihr Mrs Fontana damals gegeben und die ihnen den Weg zur Ebene des Lichts gewiesen hatte. Sie war ziemlich vergilbt und mehrfach geklebt. Damals hatte der Wind sie Laura aus den Händen gerissen, als sie mit Sternenschweif auf dem Weg zu der geheimnisvollen Ebene gewesen war. Die Karte war dabei zerrissen und in einen

Bach gefallen. Die silberne Schrift war jedoch lesbar geblieben und Laura hatte die Karte danach einfach wieder zusammengeklebt.

Laura wartete, bis alle Geräusche im Haus verstummt waren. Dann zog sie sich warm an, denn sie erinnerte sich noch gut an den kalten und langen Flug. Sie nahm ihren Rucksack und packte etwas zu trinken und ein paar Äpfel und Kekse ein. Leise öffnete sie die Küchentür und schlich sich nach draußen.

Sternenschweif hob erstaunt den Kopf, als sie den Stall betrat.

„Wir müssen noch heute Nacht zur Ebene des Lichts fliegen“, erklärte ihm Laura. „Du weißt, sie erscheint nur einmal im Jahr und nur bei Vollmond. Diese Zeit ist jetzt gekommen. Wir müssen Zoe und Silberregen Bescheid sagen und sie dorthin begleiten." Sie warf ihm einen forschenden Blick zu. „Bist du bereit für den Flug?"

Sternenschweif nickte. „Dann lass uns keine Zeit verlieren", sagte Laura und knöpfte sich ihre Jacke zu.

Wenig später näherten sie sich Zoes Zuhause. Die Lichter waren bereits verloschen. Sternenschweif landete auf der Koppel und ging zu Silberregen in den Stall, um ihn zu informieren. Laura schlich sich währenddessen ans Haus heran. Sie wusste, welches Zoes Zimmer war. Sie suchte nach ein paar kleinen Steinchen und warf sie an ihr Fenster. Zoe schien noch nicht geschlafen zu haben, denn ihr Kopf tauchte sofort hinter der

Scheibe auf. Sie öffnete das Fenster.

„Laura, was machst du denn hier?", fragte sie flüsternd.

„Komm herunter, dann erkläre ich es dir", antwortete Laura ebenso leise. „Und zieh dich warm an, wir haben einen langen Flug vor uns."

Zoe schloss rasch das Fenster und erschien wenig später in der Tür.

„Wie hast du das mit dem langen Flug gemeint?", wollte sie sofort wissen.

Laura schlug den Weg Richtung Stall ein. „Wir haben einen langen Flug vor uns, weil wir zur Ebene des Lichts fliegen“, erklärte sie. „Sie erscheint nur einmal im Jahr und nur bei Vollmond.“

„Und was machen wir da?“, fragte Zoe mit großen Augen.

„Dort versammeln sich alle Einhörner, die nach Arkadia zurückkehren wollen. Die Ältesten entscheiden dort, wem diese Ehre zuteilwird.“

„Aber das ist ja genau das, was Silberregen und ich wollen!“, rief Zoe. „Warum hast du uns das denn nicht früher gesagt? Und woher weißt du überhaupt davon?“

Laura zögerte. „Weil ich eine Hüterin bin“, antwortete sie schließlich und blickte beschämt zu Boden.

Zoe blieb wie angewurzelt stehen. „Du bist was?“, fragte sie fassungslos.

„Du hast richtig gehört, ich bin eine Hüterin“, erklärte Laura leise.

„Du warst die Person, auf die wir die ganze Zeit gewartet haben, und hast uns kein Wort gesagt?“ Zoe warf ihr einen ungläubigen Blick zu. „Ich dachte, wir wären Freunde, aber stattdessen hast du mich belogen.“ Laura spürte, wie enttäuscht Zoe war, und musste schlucken bevor sie weitersprach.

„Ich weiß, das war nicht richtig von mir“, gab sie kleinlaut zu. „Ich war wirklich der festen Überzeugung, dass ihr im Begriff seid, einen Riesenfehler zu begehen. Aber ich bin dabei eben nur von Sternenschweif und mir ausgegangen. Und natürlich hätte ich mir auch für mich gewünscht, dass ihr zusammenbleibt, denn dann hätte ich endlich eine Einhornfreundin gehabt, mit der ich alles teilen kann. Deswegen habe ich euch nichts von der Ebene des Lichts erzählt. Das war natürlich falsch und es tut mir sehr leid."

Zoe schwieg und musste über Lauras Worte erst einmal nachdenken.

„Wenn die Ältesten zustimmen, dann wird Silberregen heute Nacht also nach Arkadia zurückkehren?", fragte sie schließlich. Laura nickte.

„Das kommt jetzt alles ein bisschen plötzlich", stellte Zoe fest. „Natürlich haben Silberregen und ich oft darüber gesprochen, aber es ist etwas anderes, wenn es nun wirklich wahr wird."

„Natürlich“, antwortete Laura verständnisvoll. „Es tut mir leid, dass ich nicht früher erkannt habe, wie verbohrt ich war.“

„Schon gut“, wehrte Zoe ab. „Du hast es ja nur gut gemeint und ich verstehe dich auch, denn ich war genauso gerne mit dir zusammen.“

Mittlerweile hatten sie den Stall erreicht, aus dem Sternenschweif und Silberregen ihnen entgegentraten. Zoe schlang ihre Arme um den Hals ihres Ponys und fragte leise: „Bist du bereit für die große Reise?“

Silberregen blickte sie lange aus seinen dunklen Augen an und nickte schließlich.

„Dann lasst uns keine Zeit verlieren“, sagte Laura, zog die alte Karte aus ihrem Rucksack und schwang sich auf Sternenschweifs Rücken. Zoe saß ebenfalls auf und gemeinsam ritten sie in Richtung der Bäume, um dort Silberregen zu verwandeln. Kurze Zeit später tauchten zwei strahlend weiße Einhörner zwischen den dunklen Zweigen des Waldes auf, erhoben sich in den Himmel und wurden schließlich zu zwei silbernen Punkten.

Sie flogen in Richtung der Berge. Laura spürte, wie die Luft kühler und der Wind rauer wurde. Sie fröstelte und wusste, dass sie noch eine weite Strecke vor sich hatten. Hin und wieder warf sie einen Blick auf die Karte. Vor sich erkannte sie bereits den zerklüfteten Berg, an den sie sich noch von ihrem letzten Flug erinnerte. Sie wusste, dass sich in seiner Nähe zwei weitere Berge befanden, zwischen denen ein tiefer Einschnitt klaffte. Dorthin mussten sie fliegen.

Als sie den Einschnitt erkannte, wies sie Sternenschweif mit der Hand die Richtung. Sie spürte, dass ihn der Flug anstrengte, aber er flog unbeirrt weiter.

„Meinst du, du schaffst es diesmal bis nach ganz oben, oder sollen wir vorher landen?“, fragte Laura.

„Ich denke, ich schaffe es“, antwortete Sternenschweif schnaubend.

Laura wandte sich Zoe zu: „Wie sieht es mit euch beiden aus? Braucht ihr eine Pause oder haltet ihr noch durch?"

„Ich fühle mich zwar ein bisschen erschöpft, aber es geht schon", erklärte Silberregen.

„Ich brauche auch keine Pause, ich habe nur ein wenig Hunger und mir ist kalt", fügte Zoe hinzu.

„Keine Sorge, ich habe Tee und etwas zu Essen eingepackt", entgegnete Laura. „Wir sind bald da."

Und tatsächlich erschien bereits einige Minuten später vor ihnen ein schwaches Leuchten in der Dunkelheit. Je näher sie kamen, desto stärker wurde es. Es ging von einem weiten Feld unterhalb einer Bergspitze aus. Auf dem dünnen Gras befand sich ein großer Kreis aus lauter Steinen, von denen einer heller leuchtete als der andere. In der Mitte standen dutzende von schneeweißen Einhörnern, deren Fell seidig glänzte und deren Hörner im Mondlicht schimmerten. Laura und Zoe waren angekommen. Vor ihnen lag die Ebene des Lichts.

9

Laura hörte, wie Zoe neben ihr nach Luft schnappte. „Ich habe noch nie so viele Einhörner auf einmal gesehen", flüsterte sie. „Sie sehen wunderschön aus."

„Ja, für sie alle ist heute ein ganz besonderer Moment gekommen", antwortete Laura und schaute sich um. „Lass uns da drüben landen." Sie deutete auf eine abseits der Versammlung gelegene Stelle. Als sie festen Boden unter den Füßen hatten, stiegen sie ab und näherten sich den anderen Einhörnern. Sie blickten alle auf einen großen Stein, der in der Mitte des Kreises lag. Dahinter standen drei Einhörner.

„Das sind die drei Ältesten, Sidra, Rohan und Ira“, erklärte Laura. „Sie entscheiden, wer mit nach Arkadia darf, und begleiten die Auserwählten dorthin.“

Da trat Sidra vor und sprach: „Wir begrüßen euch alle zu diesem großen Augenblick. Wir werden nun jeden Einzelnen von euch ein letztes Mal prüfen, ob er bereit ist, die Reise in das Land eurer Mütter und Väter anzutreten. Fangen wir an.“

„Da sind wir gerade noch rechtzeitig gekommen“, flüsterte Zoe Laura aufgeregt zu.

Und schon trat das erste Einhorn vor den großen Stein und senkte den Kopf. Die drei Ältesten berührten es feierlich mit ihren

Hörnern, die in magischem Glanz erstrahlten. Das war das Zeichen dafür, dass das Einhorn nach Arkadia zurückkehren durfte.

Silberregen drehte den Kopf zu Zoe und schaute sie fragend an. Sie legte ihm die Hand auf die Stirn und sagte zärtlich: „Geh nur."

Da trat Silberregen zu den anderen Einhörnern und mischte sich unter die Wartenden. Als er schließlich an der Reihe war, fing Lauras Herz wild an zu klopfen. Wie würde es dann erst Zoe gehen? Sie warf ihrer Freundin einen verstohlenen Blick zu und sah, dass sie ein paar Mal schwer schluckte. Laura tastete nach ihrer Hand und drückte sie.

Silberregen senkte den Kopf und Sidra berührte ihn mit ihrem silbernen Horn.

„Wir dachten, du hättest deine Meinung geändert“, sagte sie.

„Nein, ich bin bereit“, antwortete das Einhorn. Da berührten ihn auch Ira und Rohan mit ihren Hörnern. Sie fingen sofort an zu leuchten.

„Ja, deine Zeit ist gekommen“, bestätigte Sidra. „Wir sind stolz auf den Mut, den ihr beide bewiesen habt, und auf eure guten Taten. Damit hast du dich als würdig erwiesen, mit uns nach Arkadia zu kommen.“

„Ich danke euch“, murmelte Silberregen und trat zur Seite. Mit gesenktem Kopf kam er auf Zoe zu. Laura und Sternenschweif traten ein bisschen zurück, um die beiden nicht zu stören. Zoe schlang die Arme um Silberregens Hals und Laura sah,

wie ihre Schultern bebten. Sie spürte, wie auch ihr die Tränen in die Augen stiegen. Sternenschweif legte den Kopf auf ihre Schulter, sodass die Haare seiner weichen Nase sie am Ohr kitzelten. Laura wusste, dass auch er hoffte, dass sie diesen Moment niemals zusammen erleben mussten. Sternenschweif war ihr bester Freund, er verstand sie ohne viele Worte und sie vertrauten sich blind – was wäre sie ohne ihn?

Silberregen und Zoe hatten sich unterdessen voneinander gelöst und schauten sich tief in die Augen. Silberregen kullerte eine Träne die Nase herunter. Laura hatte gar nicht gewusst, dass Einhörner weinen konnten. Zoe wischte sie weg und gab Silberregen einen letzten Kuss auf die Stirn. Dann wandte er sich ab und trat auf Laura und Sternenschweif zu.

„Meine Zeit ist gekommen. Danke, dass ihr uns hierhergebracht habt“, sagte er.

„Wir wünschen dir alles Gute“, brachte Laura stockend hervor. Ihre Stimme zitterte.

„Sei glücklich im Land unserer Vorfahren“, fügte Sternenschweif hinzu. „Gute Reise.“

„Danke, und euch auch alles Gute“, verabschiedete sich Silberregen und ging zurück in den Kreis der Auserwählten.

Als das letzte Einhorn vorgetreten war, wandte sich Rohan an die Wartenden:

„Nun ist der große Augenblick gekommen. Ihr habt genug gelernt und genug gute Taten vollbracht. Jetzt werdet ihr zu euren Familien zurückkehren, die wie ihr Weisheit erlangt haben.“

„Wir wissen, dass es euch auch traurig stimmt, die Erde für immer zu verlassen“, ergriff nun Ira das Wort. „Denn das bedeutet, dass ihr von euren treuen Einhornfreunden getrennt werdet. Erinnert euch jedoch stets daran, dass diese Trennung nur äußerlich ist. Im Herzen werdet ihr für immer miteinander verbunden bleiben.“

Die versammelten Einhörner nickten zustimmend.

„Dann lasst uns jetzt unsere Reise antreten", erhob Sidra als Letzte das Wort und schwang sich mit ein paar großen Sprüngen in die Luft. Ira und Rohan schlossen sich an. Dann folgten die anderen Einhörner. Sie stiegen hoch in den mondhellen Nachthimmel, bis sie schließlich nur noch ein paar silbern glitzernde Punkte zwischen den funkelnden Sternen waren.

Zoe, Laura und Sternenschweif konnten nur mühsam den Blick abwenden. Laura trat zu Zoe und legte ihr eine Hand auf die Schulter. Sie spürte, wie Zoe tief Luft holte.

„Ich kann es noch nicht so ganz fassen, dass Silberregen nun für immer gegangen ist", sagte sie.

„Das ginge mir genauso“, antwortete Laura verständnisvoll. „Wahrscheinlich dauert das eine ganze Weile.“

„Aber wie Ira gesagt hat, es ist nur eine äußerliche Trennung. Ich weiß, dass Silberregen mich nie vergessen und von Arkadia

aus über mich wachen wird. Dort wird er glücklich sein. Und für mich fängt stattdessen im Internat ein neues Leben an. So hat jeder nun seinen eigenen Weg zum Glück vor sich. Aber ein Teil von mir wird immer mit Silberregen glücklich sein."

Laura nickte. Sie verstand, was Zoe sagen wollte, auch wenn sie es selbst sicher niemals so empfinden konnte.

„Komm, lass uns etwas essen und trinken und dann nach Hause fliegen", schlug sie vor.

Sie setzten sich auf einen der großen Steine und schauten auf die verlassene Lichtung, die im Mondschein magisch leuchtete. Es war schwer, sich vorzustellen, dass sie bald verschwunden sein würde.

Auf dem Heimflug saß Zoe dicht hinter Laura auf Sternenschweifs Rücken. Die beiden Mädchen sprachen nicht viel, jede hing ihren Gedanken nach. Laura blickte in den Himmel und dachte daran, wie all die Einhörner mit großen Sprüngen durch den Nachthimmel galoppierten. Sie war froh, dass Sternenschweif nicht mit dabei war. Sie könnte ihn niemals gehen lassen, so wie Zoe Silberregen hatte gehen lassen. Zwar schweren Herzens, aber doch wissend, dass es das Richtige für beide war. Laura konnte sich nicht im Traum vorstellen, dass das jemals das Richtige für sie und Sternenschweif wäre.

Sie vergrub die Hände tiefer in Sternenschweifs Mähne und spürte, wie die Wärme seines Körpers sie wie ein festes Band vereinte. Nein, niemals würde sie sich von Sternenschweif trennen. Er war ihr bester Freund, sie waren wie zwei Hälften desselben Ganzen und nur gemeinsam waren sie glücklich!

Umschlaggestaltung von Atelier Reichert, Stuttgart,
unter Verwendung einer Illustration von Silvia Christoph.
Textillustrationen © Biz Hull

Sternenschweif – Im Land der Einhörner, erzählt von Ina Brandt.
Based on characters created by Working Partners Ltd.

Weitere Bände in dieser Reihe siehe nächste Seite

Gedruckt auf chlorfrei gebleichtem Papier

1. Auflage

ISBN 978-3-440-11593-0
Redaktion: Claudia Steinke
Layout: Ralf Paucke
Produktion: DOPPELPUNKT, Stuttgart
Printed in the Czech Republic/Imprimé en République tchèque